Inhalt

	Seite im Arbeitsheft	Seite im Sprachbuch
Meine Ferien – Das Schuljahr beginnt	3	5
Herbst – Erntezeit	10	17
Winter – Wir feiern Weihnachten	19	29
Das Jahr beginnt	22	39
Wohlfühl-Pausenbrot	29	49
Wir Kinder als Sammler	37	59
Frühling – Zeit zum Träumen	41	67
Die Hecke	47	79
Die Uhr	60	93
Meine Schrift	63	101
Wörterliste	70	105

Diese Zeichen findest du im Arbeitsheft

 Diese Aufgabe sollst du gemeinsam mit einer Partnerin oder einem Partner ausführen.

 Diese Aufgabe sollt ihr in der Gruppe erledigen.

 Bei dieser Aufgabe reicht der Platz zum Schreiben nicht aus; bitte ein Heft oder einen Schreibblock benutzen.

 Der Fuchs gibt dir Hinweise zum Üben der **Mitsprechwörter.**

 Der Fuchs gibt dir Hinweise zum Üben der **Merkwörter.**

 Der Fuchs gibt dir Hinweise zum Üben der **Nachdenkwörter.**

FF   **F**reiwillige **F**uchsaufgabe.
Wenn du mehr machen möchtest, kannst du diese Aufgabe erledigen.

Zum Unterrichtswerk für das 2. Schuljahr gehören:
Schülerbuch .... Klett-Nr. 211391
Lehrerband .... Klett-Nr. 211559

Meine Ferien – Das Schuljahr beginnt

Meine Seite im Freunde-Buch

Das bin ich:

Name:

Vorname:

Spitzname:

Das alles bin ich:

Das will ich werden:

Namenwörter; zum Sprachbuch Seite 10

Meine Ferien – Das Schuljahr beginnt

Vater Helfer Sportlerin Mutter Rechenkönig Zuhörerin Schönschreiber Schüler
Leseratte Fußballer Geschichtenschreiber Schwester Helferin Brillenträgerin Bruder
Zuhörer Brillenträger Sportler Lehrerin Rollstuhlfahrerin
Freund Kind Mädchen Fußballerin
Sohn Rollstuhlfahrer Junge Freundin Schülerin Lehrer Erwachsener Tochter

1. Schreibe Namenwörter heraus, die zu deinem besten Freund in deiner Klasse passen.

2. Schreibe Namenwörter heraus, die zu deiner besten Freundin in deiner Klasse passen.

3. Schreibt Namenwörter heraus, die zu eurer Lehrerin oder eurem Lehrer passen.

Spürt bei den Namenwörtern die Anfangsbuchstaben nach.

Merke: Ist das Wort ein Name für einen Menschen, dann ist es ein Namenwort. Namenwörter beginnen mit einem großen Buchstaben.

4

1. Das ABC-Gedicht ist durcheinander geraten.
Verbinde die Zeilen richtig.

ABCD   Jetzt wird der Himmel blau.

EFGH   Ich liege am See.

IJKLM   Wenn ich doch länger Ferien hätt!

NOPQu   Ich habe Ferien, hurra!

RSTUV   Wenn doch die Sonne käm!

WXYZ   Was sagst denn du dazu?

2. Schreibe das ABC-Gedicht richtig ab.

3. Suche die Vorgänger und Nachfolger im Alphabet.

l m *n*   *h*   *l*   c

E   N   B   u

Ordnen nach dem Alphabet; zum Sprachbuch Seiten 11, 12

Meine Ferien – Das Schuljahr beginnt

1. Jetzt wird es wirklich schwierig! Welcher von den Buchstaben kommt in jedem Dreierkasten zuerst? Male ihn an.

   | H | C | **A** | | L | O | W | | M | N | Qu | | X | V | J | | U | I | J | | S | T | U | | F | D | G |

2. Ordne die Ferienwörter nach dem Alphabet und schreibe sie auf. Verziere die Buchstaben des Alphabets.

   Lauter Ferienwörter!
   Urlaub, Bus, See, Meer, Regen, Hagel, Spielplatz, Berge, Flugzeug, Zug, Mücken, Wind, Ruhe, Riesenrad, Campingplatz, Hotel, Quallen, Tennis, Auto, Verkehrsstau, Essen, Yo-Yo, Geld, Insel, Kinder, Leute, Oma, Postkarten, Nässe, Delfin, Jacke, Xaver

   Achtung! Manchmal passen mehrere Wörter zu einem Buchstaben. Schaue dann auf den zweiten Buchstaben im Wort.

A Auto, B Berge

6

Mitsprechwörter; zum Sprachbuch Seite 13

1. Im Alphabet sehen wir die Laute als Buchstaben geschrieben. Wenn wir das Alphabet aufsagen, sprechen wir sie anders, als wir sie schreiben.
Sagt das Alphabet langsam auf. Achtet auf die Namen der Buchstaben.

2. Sprich jedes Wort langsam. Male für jeden Laut, den du hörst, einen Kreis an. Schreibe dann das Wort auf.

Arm	Rose	Hals	Nase	Hose	Ente

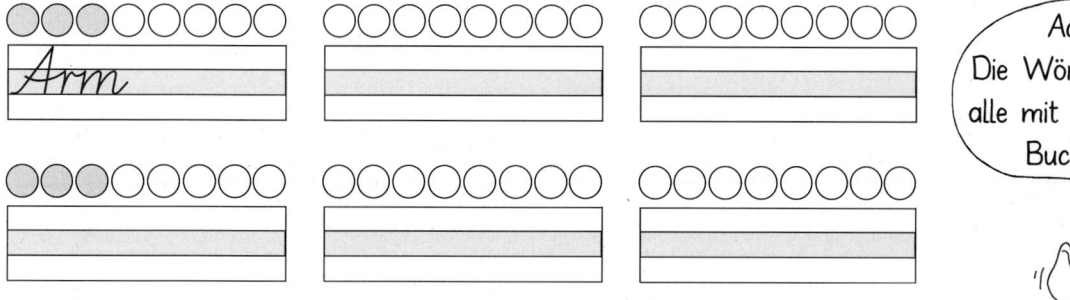

Achtung!
Die Wörter beginnen alle mit einem großen Buchstaben.

3. Suche 4 Wörter aus und baue sie auf.

R
R a

So kannst du Mitsprechwörter richtig schreiben:
1. Sprich das Wort langsam. Höre nacheinander auf jeden Laut.
2. Schreibe für jeden Laut mindestens einen Buchstaben.
3. Kontrolliere.

Mitsprechwörter; zum Sprachbuch Seite 14

Meine Ferien – Das Schuljahr beginnt

1. Bei diesen Mitsprechwörtern musst du aufpassen, dass du das *e* nicht verschluckst. Spure diesen Buchstaben mit einer leuchtenden Farbe nach.

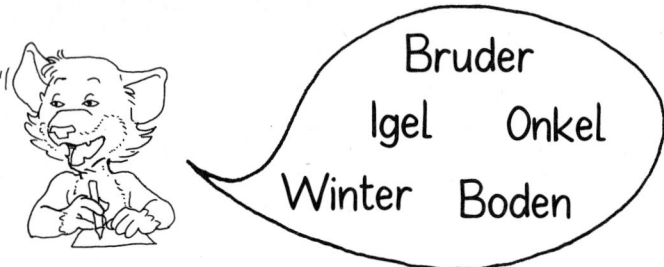

2. Verbinde die Puzzleteile richtig miteinander.

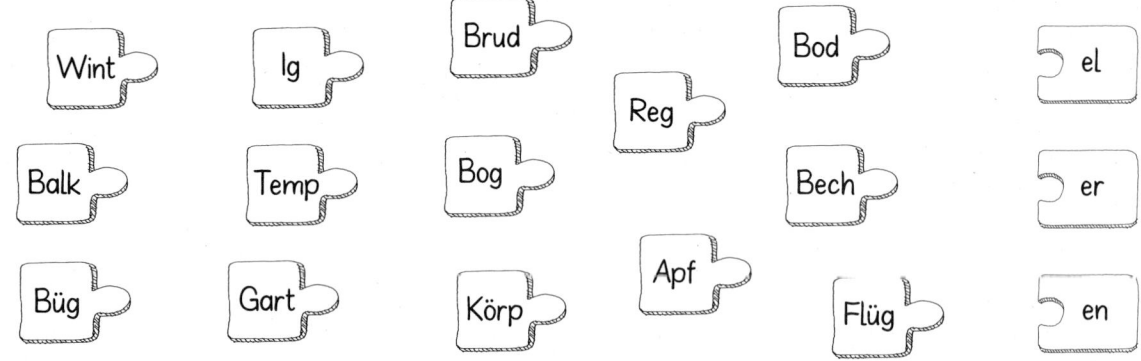

3. Schreibe die Wörter auf. Markiere das beinahe verschluckte *e*.

4. Erkennst du die Wörter in der Wörterschlange? Male sie an.

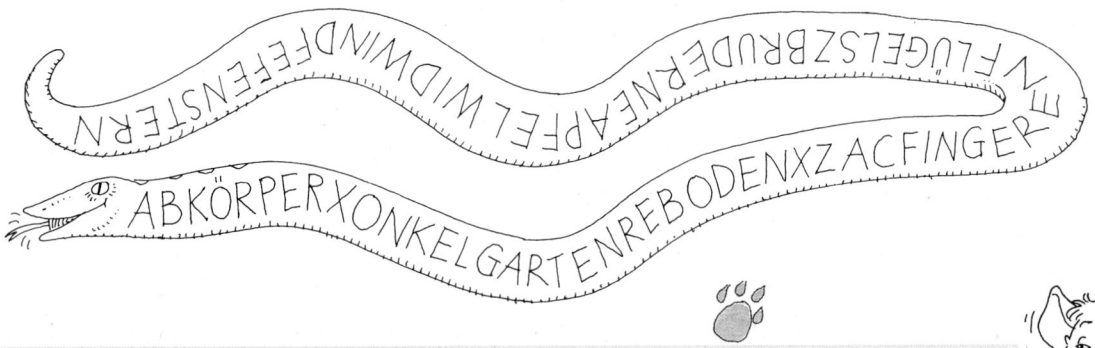

Untersuche: Es gibt Wörter, bei denen das *e* beinahe verschluckt wird. Sie haben die Endung: *-en, -er, -el*. Du musst diese Endungen besonders deutlich sprechen und sie dir gut merken.

8

1. Male für jeden Laut, den du hörst, einen Kreis an.
   Schreibe das Wort und zähle Laute und Buchstaben.

2. Lautiere das Wort. Schreibe es dann auf. Zeichne einen Bogen unter ch und sch.

Busch	B	Buch	B
acht	a	Bach	B
Schere	S	Tisch	T

3. Partner-Stopp-Diktat: Diktiert euch gegenseitig diese Reime.
   Schreibt auswendig. Kontrolliert.

> Wasche, wasche
> meine Tasche.

> Ach, ach, ach,
> ich bin schon wach.

Untersuche: Für einen Laut können wir auch mehrere Buchstaben schreiben:
    ch   1 Laut, 2 Buchstaben
    sch   1 Laut, 3 Buchstaben

Namenwörter; zum Sprachbuch Seite 18

Herbst – Erntezeit

1. Ist das auch beim Gemüse so?
   Ein Blick in die Vorratskammer.
   Suche Obst und Gemüse heraus.
   Schreibe die Namen auf.

Obst ist gesund!
Obst ist frisch!
Obst gehört täglich
auf den Tisch!

Wenn du Obst isst, dann beißt du nur in Früchte. Beim Gemüse ist das anders.

Bei verschiedenen Gemüsesorten kannst du verschiedene Teile essen.

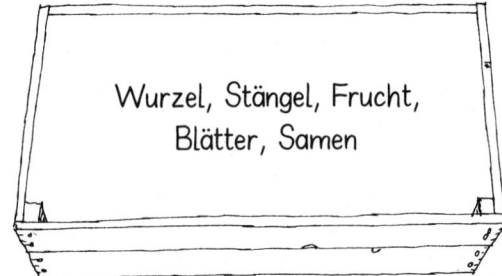

Wurzel, Stängel, Frucht, Blätter, Samen

2. Überlege dir, welchen Teil du bei verschiedenen Gemüsesorten isst. Schreibe es auf.
   So: Tomate: Frucht

   Erbse: Kartoffel:

   Zwiebel: Lauch:

   Salat: Bohne:

Untersuche: Ist das Wort ein Name für eine Pflanze oder ein Pflanzenteil, dann ist es ein Namenwort. Namenwörter beginnen mit einem großen Buchstaben.

1. Setze die fehlenden Begleiter in das Rezept ein.

Wir backen eine Gemüsepizza

So wird es gemacht:
Zuerst waschen wir _____ Gemüse.
Dann nehmen wir _____ Paprikas aus.
Dann schneiden wir _____ Tomaten
und _____ Zucchini in Stücke.
Nun rollen wir den Teig aus.
Jetzt bestreichen wir den Teig mit etwas Öl und legen _____ Gemüse darauf. Wir würzen _____ Gemüsepizza und lassen sie 20 Minuten im Ofen backen. Guten Appetit!

2. Schreibe mit Farbe die Begleiter auf die Schilder.

3. Schreibe die Namenwörter für das Obst und Gemüse aus der Vorratskammer mit Begleitern.

der Apfel,

Untersuche: Kannst du einen Begleiter vor ein Wort setzen, dann ist es ein Namenwort. Die Begleiter heißen *der, die, das.* Begleiter werden kleingeschrieben.

Richtig schreiben; zum Sprachbuch Seite 20

Herbst – Erntezeit

1. In beiden Texten stecken Lernwörter. Ein kleines Äpfelchen verrät sie dir. Suche dir aus, mit welchem Text du üben möchtest und spure in diesem die Lernwörter nach.

Erntezeit

Wir essen Äpfel und Birnen, Tomaten und Salat. Obst und Gemüse sind gut und gesund. Wir danken für die Sachen, die unsere Erde gibt.

Obst oder Gemüse?

Obst ist oft süßer als Gemüse. Gemüse war früher ein richtiges Mittagessen. Es gab manchmal nur Tomaten, Salat und Kartoffeln. Obst aber wurde nur dazugegessen. Äpfel und Birnen waren also eine Nachspeise. Zur Erntezeit danken wir auch heute noch für die guten Sachen, die unsere Erde gibt.

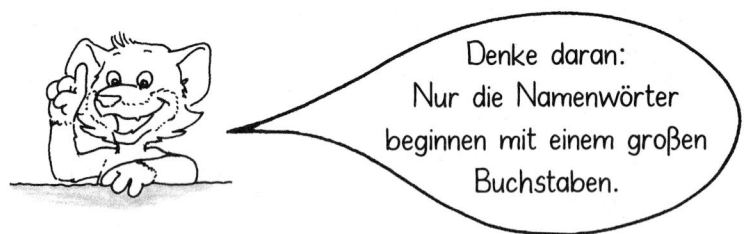

Denke daran: Nur die Namenwörter beginnen mit einem großen Buchstaben.

2. Schreibe alle Lernwörter aus deinem Übungstext auf.

Richtig schreiben; zum Sprachbuch Seite 20

1. Hier verdecken die Äpfel einige Buchstaben. Ergänze.

    e🍎🍎en, 🍎pfel, Ob🍎t, gesun🍎

2. Schreibe deinen Übungstext ins Heft. Trainiere mit ihm das richtige Abschreiben. Teile ihn in Abschnitte auf. Am Ende dieses Arbeitsheftes findest du eine Abschreibhilfe.

So: *Wir essen / Äpfel und Birnen, / Tomaten und Salat / ...*

3. Zum Schluss ein Rätsel:

Lösungswort

1. B O D E N

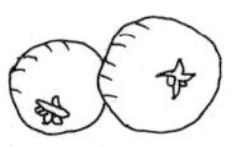

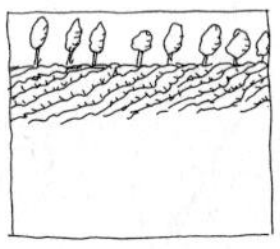

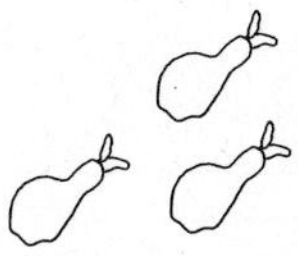

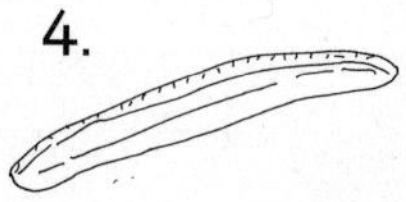

Lösungswort:

Namenwörter, Begleiter; zum Sprachbuch Seiten 19, 20

Herbst – Erntezeit

1. Lies die Gedichtstrophen. Bei manchen Namenwörtern fehlen die Begleiter. Schreibe eine Strophe ab und probiere, wo Begleiter notwendig sind.

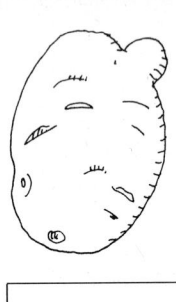

Wer mag Kartoffel?
Stoffel, Stoffel!
Mit Butter und Quark,
da wird er recht stark.

Wer mag Karotte?
Charlotte, Charlotte!
So zupf sie heraus
und trag sie ins Haus.

2. Beide Strophen gehören zu diesem Lied. Erfinde noch eine Strophe. Tragt eure Strophen in der Gruppe vor. Kannst du auch dazu singen?

Kernequipe Grundschule

1. Wer mag die Tomate? Agathe, Agathe!
So rot und so rund, so gut und gesund! Wer mag ...

Merkwörter; zum Sprachbuch Seite 23

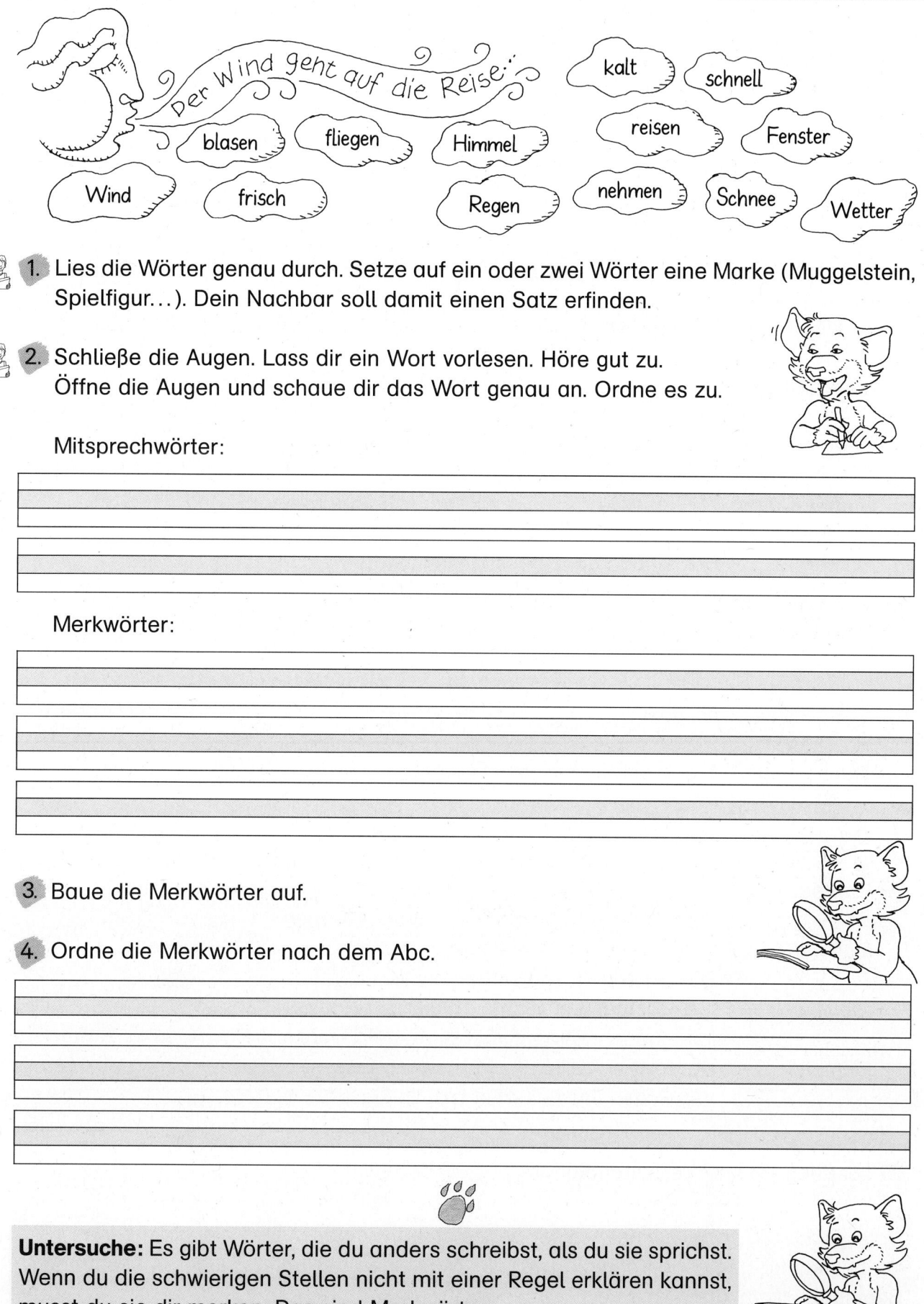

Der Wind geht auf die Reise:
blasen, fliegen, Himmel, kalt, schnell, reisen, Fenster, Wind, frisch, Regen, nehmen, Schnee, Wetter

1. Lies die Wörter genau durch. Setze auf ein oder zwei Wörter eine Marke (Muggelstein, Spielfigur…). Dein Nachbar soll damit einen Satz erfinden.

2. Schließe die Augen. Lass dir ein Wort vorlesen. Höre gut zu.
Öffne die Augen und schaue dir das Wort genau an. Ordne es zu.

Mitsprechwörter:

Merkwörter:

3. Baue die Merkwörter auf.

4. Ordne die Merkwörter nach dem Abc.

Untersuche: Es gibt Wörter, die du anders schreibst, als du sie sprichst. Wenn du die schwierigen Stellen nicht mit einer Regel erklären kannst, musst du sie dir merken. Das sind Merkwörter.

Begleiter, Namenwörter; zum Sprachbuch Seite 26

Herbst – Erntezeit

1. Hier hat der Wind zu zu stark geblasen. Setze die fehlenden Begleiter ein. Es gibt verschiedene Möglichkeiten.

Der Wind vor dem Richter

Richter: Wer hat was gegen _____ Wind zu klagen?

Erster Kläger: Mir hat er _____ Fenster entzweigeschlagen.

Zweiter Kläger: Mich packte er wie _____ Hund am Röckchen.

Dritter Kläger: Mir warf er vom Fenster _____ Blumenstöckchen.

Vierter Kläger: Mir hat er _____ Staub ins Gesicht geweht.

Fünfter Kläger: Mir hat er _____ Regenschirm umgedreht.

Richter: Das sind ja ganz böse Geschichten.
Wer weiß nun was Gutes vom Wind zu berichten?

Erster Zeuge: Er trocknet _____ Wäsche und trocknet _____ Erde.

Zweiter Zeuge: Er lenkt _____ Wolken wie _____ Hund seine Herde.

Dritter Zeuge: Er ist lustig, wenn er spielt mit _____ Hüten.

Vierter Zeuge: Und macht er nicht fruchtbar im Frühling _____ Blüten?

Fünfter Zeuge: Auch muss er _____ Flügel der Windmühle drehen,
dem Wind soll darum kein Leid geschehen.

Richter: Man bringe den Angeklagten hierher.
Dann stelle er sich selber zur Wehr.

Diener: Herr Richter, ich suchte im ganzen Haus,
ich glaube, er flog zum Schornstein hinaus.

Richter: Dann ist er freilich nicht mehr zu fassen.
Wir wollen ihn weiterhin blasen lassen.

Nach Oskar Dreher

 2. Lest den Text mit verteilten Rollen.

Untersuche: *Ein, eine, ein* nennen wir unbestimmte Begleiter. *Der, die, das* nennen wir bestimmte Begleiter. Kannst du vor ein Wort einen bestimmten oder unbestimmten Begleiter setzen, dann ist es ein Namenwort.

Bist du ein Sprachforscher?
Hier kannst du verschiedene Sprachen untersuchen:

Deutsch ist schwer

Deutsch ist schwer.
Das kann ich beweisen,
bitte sehr!
Herr Maus heißt zum Beispiel Mäuserich,
Herr Laus aber keineswegs Läuserich.
Herr Ziege heißt Bock,
aber Herr Fliege nicht Flock.
Frau Hahn heißt Henne,
aber Frau Schwan nicht Schwenne.
Frau Pferd heißt Stute,
Frau Truthahn Pute,
und vom Schwein die Frau
heißt Sau.
Und die Kleinen sind Ferkel.
Ob ich mir das merkel?

Und Herr Kuh ist gar ein doppeltes Tier,
heißt Ochs oder Stier,
und alle zusammen sind Rinder.
Aber die Kinder
sind Kälber!
Na, bitte sehr,
sagt doch selber:
ist Deutsch nicht schwer?

Mira Lobe

1. Schreibe auf:

Herr Maus: _____   Herr Ziege: _____

Frau Hahn: _____   Frau Pferd: _____

Findest du eine Erklärung dafür?

 FF Schreibe noch weitere männliche und weibliche Tiere auf.
Findest du jetzt eine Erklärung?

Türkisch ist gar nicht so schwer

Mehr als vierzig Millionen Menschen auf der Erde sprechen Türkisch als ihre Muttersprache. Vielleicht sogar auch dein Banknachbar.

Das Deutsche ist eine Fremdsprache für ihn, und deshalb hat er auch Schwierigkeiten damit, vor allem mit der Rechtscheibung. Aber ihn deshalb auszulachen, wäre albern.

Im Türkischen schreibt man viele Wörter so, wie man sie ausspricht. Das hat sich so ergeben, weil man erst in unserem Jahrhundert in der Türkei das lateinische Abc einführte. (Vorher verwendete man dort andere Zeichen.)

Das kannst du sehen, wenn du die folgenden Wörter aus einem TÜRKISCHEN WÖRTERBUCH liest:

balkon, benzin, bilet, boksör, domates, marmelat, milyoner, sigara

(nach Bruno Horst Bull)

2. Lies deinem Nachbarn diese türkischen Wörter vor. Übersetzt sie und schreibt sie auf.
Schlagt im Wörterbuch nach, wie man sie deutsch schreibt.
So: balkon = Balkon

Sprache untersuchen; zum Sprachbuch Seite 28

Herbst – Erntezeit

1. Kannst du jetzt auch diese Wörter übersetzen? Deine türkischen Mitschüler helfen dir dabei.

 FF Auch in anderen Sprachen gibt es Wörter, die ähnlich sind wie im Deutschen. Ausländische Kinder in eurer Klasse können euch sicher noch viele solcher Wörter sagen. Schreibt sie auf. Vielleicht könnt ihr sogar ein kleines Wörterbuch mit Sprachen aus eurer Klasse anlegen.

 2. Auch das ist eine Sprache. Vergleicht sie mit den anderen Sprachen.

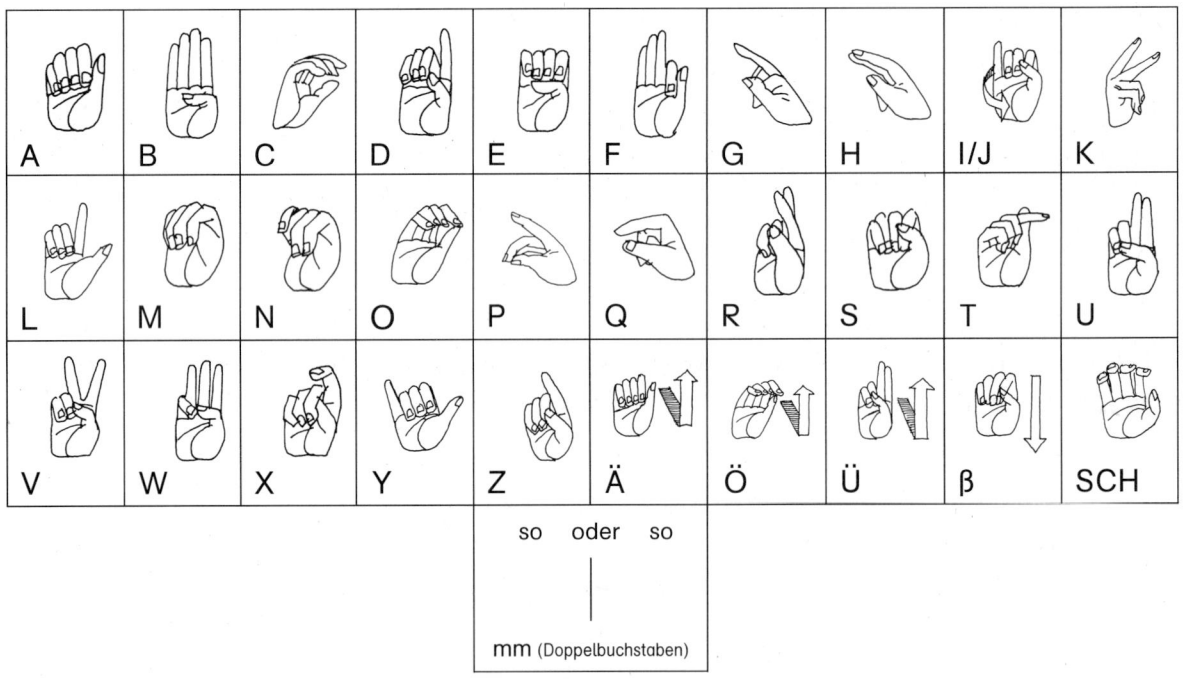

3. Versuche in der Gehörlosensprache deinen Namen zu zeigen.

 FF Übersetzt die türkischen Wörter in Gehörlosensprache. Könnt ihr die Wörter so verstehen?

Winter – Wir feiern Weihnachten

1. Suche aus der Geschichte die Lernwörter mit dem ☆ heraus und spure sie nach.

Im Advent

In der Familie haben nun alle zu tun:
Der Sohn stellt den Christbaum auf.
Die Tochter und die Mutter helfen dem Vater.
Die Tante kauft dem kleinsten Kind ein Kleid,
es kostet viel Geld.
Der Onkel spielt mit dem Hund.
Auf schönes Papier mit Sternen schreiben alle Briefe.

2. Höre und lies genau. Ordne die Lernwörter. Übe in deinem Heft weiter.

Mitsprechwörter:

Merkwörter:

3. Schreibe die Mitsprechwörter in Druckschrift und Schreibschrift.

4. Schreibe jedes Merkwort dreimal in dein Heft. Verwende verschiedene Farben. Markiere die schwierige Stelle.

5. Baue folgende Wörter auf:

alle, Sohn, Papier, Mutter, Vater

Richtig schreiben, Nachdenkwörter, Wörter mit sp, st; zum Sprachbuch Seite 30

Winter – Wir feiern Weihnachten

1. Sprich diese Wörter und schau sie dir genau an. Markiere die Buchstaben, die du anders sprichst, als du sie schreibst. Erkläre.

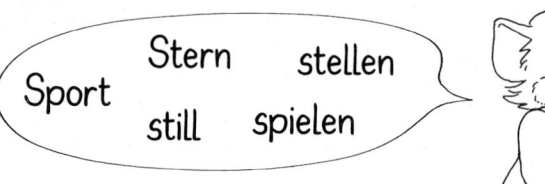

Sport Stern stellen still spielen

2. Wollen wir spielen? Schreibe Sätze. So: *Wir spielen ...*

3. Setze die passenden Wörter aus Aufgabe 1 ein.

In Italien _____ die Kinder ihre Schuhe an Weihnachten vor die Tür.
In Frankreich kommt der Weihnachtsmann _____ und heimlich durch den Kamin.
Die Weisen aus dem Morgenland folgen dem _____.
In vielen Ländern _____ die Kinder die Weihnachtsgeschichte.

4. Suche alle Wörter mit Sp/sp und St/st aus der Wörterliste und schreibe sie auf. Spure die Nachdenkstelle nach.

FF Schreibe mit den Lernwörtern von den Seiten 19 und 20 eine Weihnachtsgeschichte.

Untersuche: Es gibt Wörter, in denen du durch Nachdenken schwierige Stellen erklären kannst. Das sind Nachdenkwörter.
Nachdenkregel: Du hörst und sprichst *schp* oder *scht*. Du schreibst aber *Sp/sp* oder *St/st*.

1. Sprich diese Wörter deutlich und schau sie dir genau an.
   Markiere den Buchstaben, auf den du aufpassen musst.

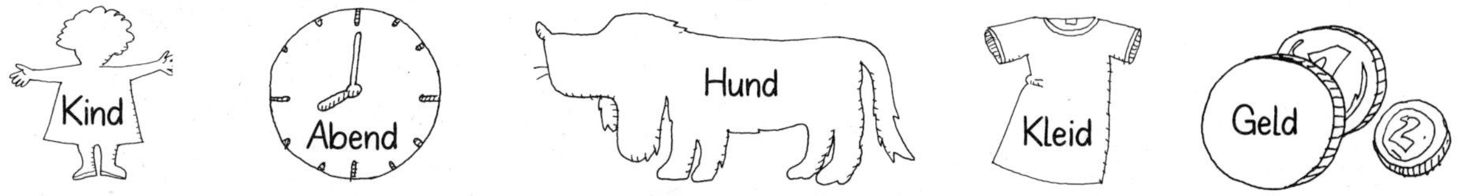

   Kind   Abend   Hund   Kleid   Geld

2. Schreibe so und spure die Nachdenkstelle nach.

   viele Kinder – ein Kind

FF Suche noch weitere Namenwörter mit dieser Nachdenkstelle aus der Wörterliste und verlängere sie.

3. Bist du ein Dichter? Setze die Reimwörter ein und lies.
   Spure nach, was gleich bleibt.

   Hund   Wind   Hand
   M_____   K_____   S_____
   r_____   R_____   B_____

FF Kannst du daraus auch ein Gedicht machen?

4. Lies dir nun noch einmal durch, welche Wörter du auf S.19 zu den Merkwörtern geordnet hast. Schreibe die auf, die für dich jetzt Nachdenkwörter sind und spure die Nachdenkstelle nach.

Untersuche: Manchmal klingt das *d* am Wortende wie ein *t*. Verlängere das Wort, dann kannst du das *d* hören. So: *ein Hund – viele Hunde*

Richtig schreiben; zum Sprachbuch Seiten 40, 41

Das Jahr beginnt

1. Lies das Gedicht. Was ist für dich Glück im neuen Jahr? Sprecht darüber in der Gruppe.

> Ein neues Jahr mit sehr viel Glück,
> das alte Jahr liegt weit zurück.
> Man fragt sich, was es bringen mag.
> Freud' und Gesundheit jeden Tag!
> Man wünscht sich eine gute Zeit,
> Glück und 'ne Menge Heiterkeit.

2. Spure die Lernwörter mit dem ❋ nach.

3. Partner-Stopp-Diktat: Diktiert euch gegenseitig das Gedicht auf der Glückwunschkarte. Schreibt auswendig. Kontrolliert.

4. Spure in Aufgabe 2 die Mitsprechwörter und die Nachdenkwörter in verschiedenen Farben nach.

5. Schreibe die Merkwörter in Druckschrift und Schreibschrift. Kreise die Buchstaben ein, die du dir merken musst.

So: J(ah)r – J(ah)r

Richtig schreiben, Namenwörter; zum Sprachbuch Seiten 40, 41

1. Erkennst du die Wörter auch so?

r J a h — l c G ü k — r u F e d e — a g T

2. Auch das sind Wörter, die Unsichtbares oder Gefühle beschreiben. Suche das Gegenteil und schreibe es auf.

Glück –
Mut –
Freude –
Gesundheit –
Stille –
Kälte –
Tag –
Hass –

Untersuche: Unsichtbares, Gefühle und Wünsche haben Namen. Auch diese Namen sind Namenwörter. Namenwörter beginnen mit einem großen Buchstaben.

23

Richtig schreiben; zum Sprachbuch Seite 42

Das Jahr beginnt

1. Übe mit dieser Liste die Monatsnamen. Präge sie dir zunächst ein. Decke die linke Spalte ab und bearbeite die Aufgabe. Kontrolliere.

Januar	Ja r	..nu..	
		.a..a.	
Februar	Fe ar	...ru..	
		.e...a.	
März	Mä	.ä..	
		...z	
April	A l	.p..	
		...l	
Mai	M..	..i	
Juni	J i	.u..	
		...i	
Juli	J...	.u..	
August	Au	.u.u..	
		..g...	
September	Se ber	.e.e..e.	
		..p...b..	
Oktober	Ok er	..o.e.	
		.k..b..	
November	No ber	.o..e.	
		..v.m.	
Dezember	De er	.e.e..e.	
		.z.m..r	

Silbentrennung; zum Sprachbuch Seite 42

Der Jahresrap
Januar, Februar, März, April,
die Jahresuhr steht niemals still.
Mai, Juni, Juli, August,
weckt in uns allen die Lebenslust.
September, Oktober, November, Dezember
und dann, und dann
fängt das Ganze schon wieder von vorne an.

1. Sprecht den Jahresrap. Verwendet passende Instrumente.

2. Sprich diese Wörter langsam und deutlich. Klatsche oder trommle dazu. Zeichne Silbenbögen.

   Dezember   Juni   August   September   Oktober

3. Es gibt Monate, die du nicht trennen kannst. Schreibe sie auf.

4. So sehen die Silben der Monatsnamen aus, wenn sie geschrieben sind. Setze sie richtig zusammen und schreibe die Monatsnamen mit Trennstrichen auf.
   So: Ja-nu-ar, ...

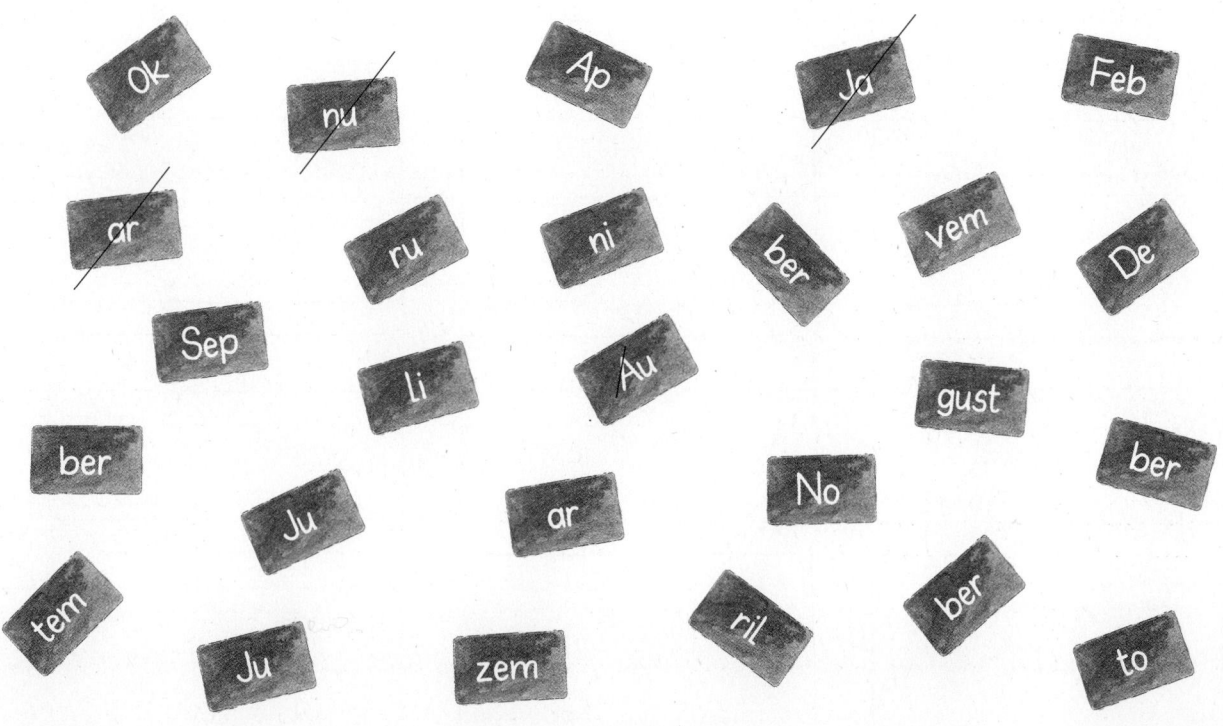

Silbentrennung; zum Sprachbuch Seite 42

Das Jahr beginnt

Ferdinand wollte für seine Freunde die allerschönsten Fotos machen. Dazu benutzte er gleich drei Fotoapparate. Leider hat er die Bilder immer wieder durcheinander gebracht.

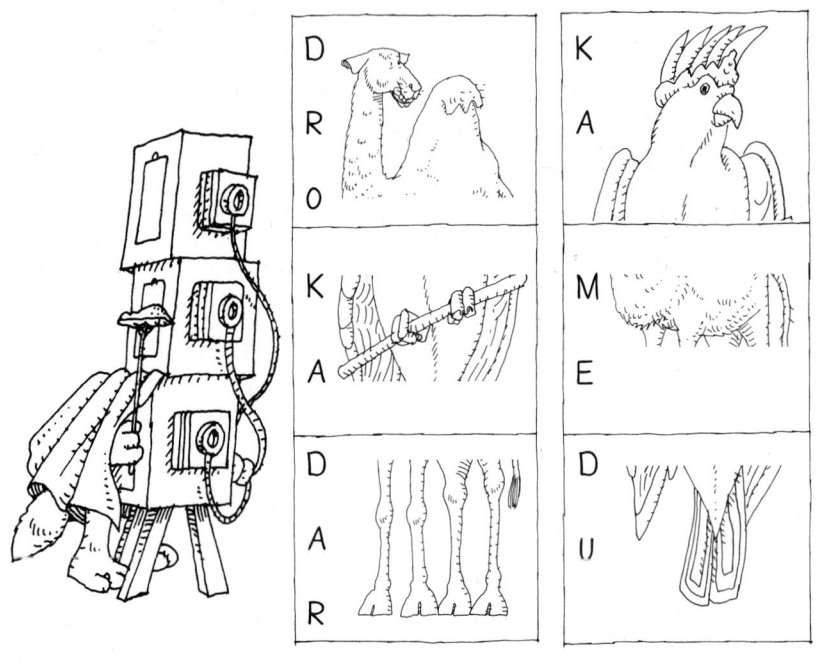

 1. Erfinde auch du lustige Tiernamen. Du musst die Silben der Tiere nur etwas mischen. Male dazu auch deine Tierverwandlungen. Gib sie deinem Nachbarn zum Lesen. Hier noch einige Tiernamen, die sich zum Verwandeln eignen: Pelikan, Känguru, Papagei, Krokodil, Elefant.

Deine Tiernamen müssen drei Silben haben.

FF Ihr könnt aus euren Tierrätseln auch ein Klappbuch herstellen. Schreibt die Silben mit dem Computer.

Namenwörter in Einzahl und Mehrzahl, zum Sprachbuch Seiten 46, 47

1. Kreise die zusammengehörenden Wörter mit gleichen Farben ein.
   Spure die Unterschiede nach. Besprecht.

   Schneebälle   Bäume   Schaufeln   Baum   Schlitten   Schneeball   Schaufel

2. Schreibe die Wörter so auf:

   ein Schneeball – viele Schneebälle

3. Schreibe zu den Wörtern den bestimmten Begleiter auf.
   Es gibt ihn auch, wenn etwas mehrmals da ist.

   ___ Sonne   ___ Sonnen   ___ Blüte   ___ Blüten

   ___ Hund   ___ Hunde   ___ Kind   ___ Kinder

FF Das ist besonders knifflig. Findest du von diesen Wörtern die Mehrzahlform?

Ballon –   *Stadion –*

Winter –   *Januar –*

Tunnel –   *Motor –*

Untersuche: Namenwörter können in der Einzahl oder in der Mehrzahl stehen. In der Einzahl ist etwas nur einmal da. Die meisten Wörter verändern sich in der Mehrzahl. Der Begleiter in der Mehrzahl ist immer *die*.

Namenwörter in Einzahl und Mehrzahl; zum Sprachbuch Seiten 46, 47

Das Jahr beginnt

1. Schreibe zu jeder Jahreszeit die Wörter mit Begleiter in der Mehrzahl.

Satzarten; zum Sprachbuch Seite 52

Wohlfühl-Pausenbrot

1. Baue mit diesen Wörtern verschiedene Sätze.
   Beginne jeden Satz mit einem anderen Wort.

   | BANANEN-MIX | STARK | SCHNELL | SICHER | DICH | MACHT |

2. Lies dir diese Sätze durch und spure die Satzzeichen nach. Versuche, deinem Partner die Sätze so vorzulesen, dass er hören kann, welches Satzzeichen am Ende steht.

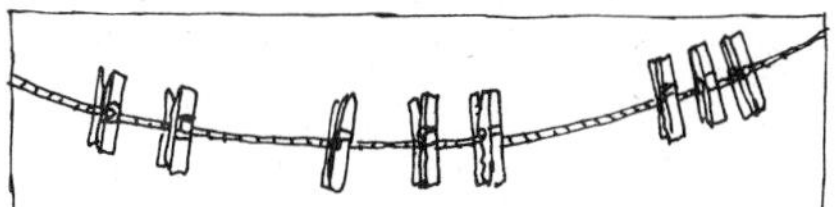

Haben Sie schon das neue SAUBERKRAFTMITTEL probiert?
Es macht Wäsche wirklich sauber und rein!

Probiere es aus!
Durch die neue blaue Tinte TINTOSAN schreibt dein Füller ohne Kleckse.

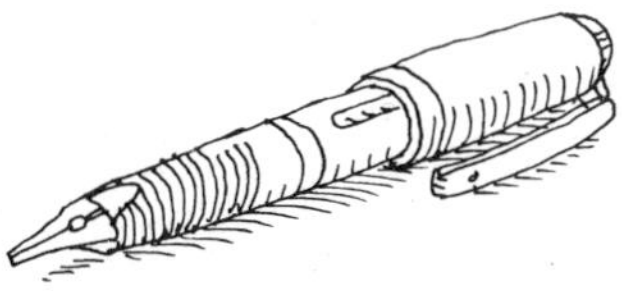

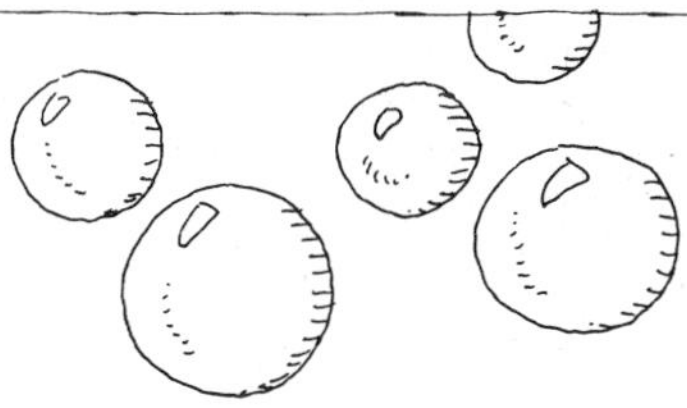

Das Seifenblasenwunder ist erfunden!
SEIFIS Blasen sind so groß wie Luftballons.

3. Setze in diese Werbung die richtigen Satzzeichen ein.

Treibst du gerne Sport
Willst du allen davonlaufen
Der Turnschuh mit dem Luftpolster lässt dich beinahe fliegen
Bleibe fit
Kaufe SPORTLERHIT

FF Erfindet selber eine Werbung. Verwendet verschiedene Satzarten.
Der Computer kann euch helfen, eure Werbung auffällig zu gestalten.

Merke: Es gibt verschiedene Satzarten. Erzählsatz: Am Ende steht ein Punkt. .
Fragesatz: Am Ende steht ein Fragezeichen. ?
Ausrufesatz: Am Ende steht ein Ausrufezeichen. !

Zusammengesetzte Namenwörter; zum Sprachbuch Seite 53

Wohlfühl-Pausenbrot

 1. Bilde zusammengesetzte Namenwörter.
So: *Tomatenpizza ...*

Manchmal verbindet ein zusätzlicher Buchstabe die Namenwörter.

2. Auf deinem Speiseplan für diese Woche stehen leckere und gesunde Speisen. Schreibe sie auf. Die Vorratskammer auf Seite 10 hilft dir.

Speisekarte

Suppen

Erbsensuppe

_____

Salate

Bohnensalat

_____

Gemüse

Lauchgemüse

_____

Säfte

Karottensaft

_____

 FF Erfindet lustige Speisen aus zusammengesetzten Namenwörtern.
Stellt eine Unsinnsspeisekarte zusammen und druckt sie mit dem Computer aus.
Beispiele: Reißnägelsuppe, Bleistiftspitzensalat

Zusammengesetzte Namenwörter; zum Sprachbuch Seite 55

1. Zeige, aus welchen Teilen die zusammengesetzten Namenwörter bestehen. Arbeite in deiner Speisekarte.

   Bohnensalat   Lauchgemüse

2. Aus Tomaten oder Kartoffeln werden viele Gerichte zubereitet. Bilde zusammengesetzte Namenwörter. Schreibe sie auf.

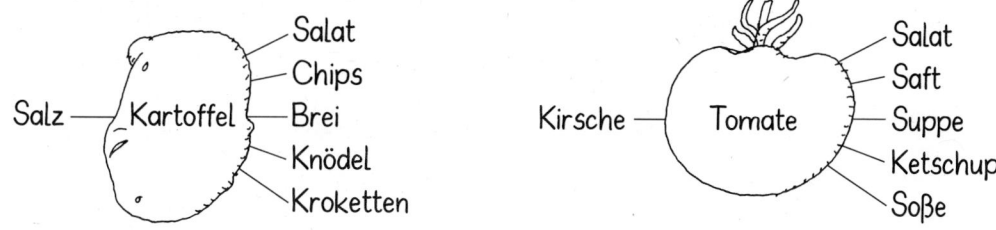

Salzkartoffeln

 3. Könnt Ihr auch solche Zusammensetzungen erfinden? Hier einige Wörter als Anregung: Spagetti, Brot, Müsli.

Untersuche: Namenwörter kannst du zusammensetzen.
Zusammengesetzte Namenwörter helfen dir, etwas genauer zu sagen. Sie beginnen mit einem großen Buchstaben.

31

Richtig schreiben, Namenwörter; zum Sprachbuch Seiten 51–56

Wohlfühl-Pausenbrot

1. Ist das alles gesund? Spure die Lebensmittel, von denen du viel essen sollst, grün nach. Die, von denen du nicht so viel essen sollst, spure rot nach.

Zucker   Ei   Salz   Gemüse   Saft

Pommes   Apfel   Pizza   Brot

Birne   Spagetti   Kraut   Obst

2. Schreibe die Mitsprechwörter auf.

3. Suche die Merkwörter. Schreibe sie auf und markiere die schwierige Stelle.

4. Schreibe die Namenwörter mit Begleiter auf.

Hast du schon gemerkt, dass alle Namen für Lebensmittel Namenwörter sind?

Richtig schreiben, Namenwörter; zum Sprachbuch Seiten 51–56

1. Schreibe Lebensmittelnamen von Seite 32 in der Mehrzahl auf.
Achte genau auf die Veränderungen. Spure die Veränderungen nach.

2. Erkennst du die Übungswörter auch so? Ergänze.

Spage☐i, Zu☐er, Po☐es, Pi☐a

3. Schreibe auf, was du gern isst, was du oft und was du selten isst.
So: *Ich esse gern ... Ich esse selten ...*

4. Bilde zusammengesetzte Namenwörter.
So: *Gemüsesuppe*

Suppe   Pizza   Rübe   Hut
                                Tüte
Garten   **Gemüse**   Auflauf   **Zucker**
                              Bonbon   Stange
Saft   Spagetti   Rohr

5. Was kannst du aus den Lebensmitteln zubereiten? Schreibe es auf.
So: *Aus Äpfeln und Birnen kann ich einen Obstsaft herstellen.*

Selbstlaute; zum Sprachbuch Seite 56

Wohlfühl-Pausenbrot

1. Achtung, Zungenbrecher!
   Was man aus „Paprika" alles machen kann!

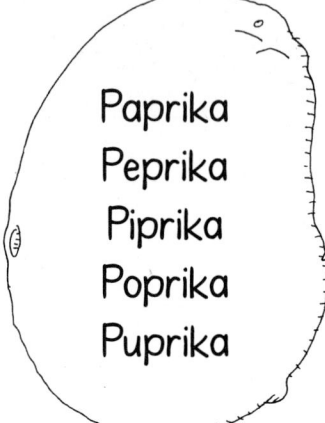
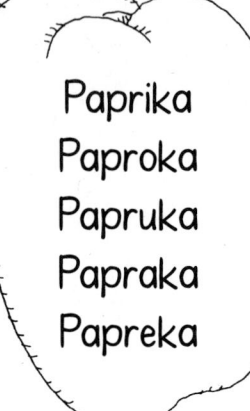
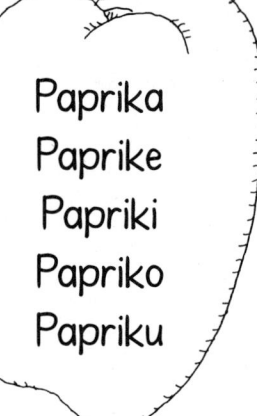

Paprika
Peprika
Piprika
Poprika
Puprika

Paprika
Paproka
Papruka
Papraka
Papreka

Paprika
Paprike
Papriki
Papriko
Papriku

2. Markiere die Buchstaben, die sich verändert haben.

3. Schreibe diese Buchstaben auf.
   Es sind fünf verschiedene.

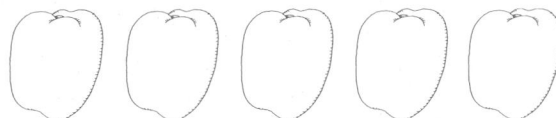

4. Aus „Kartoffel" kannst du auch einiges machen. Tausche die Selbstlaute aus.

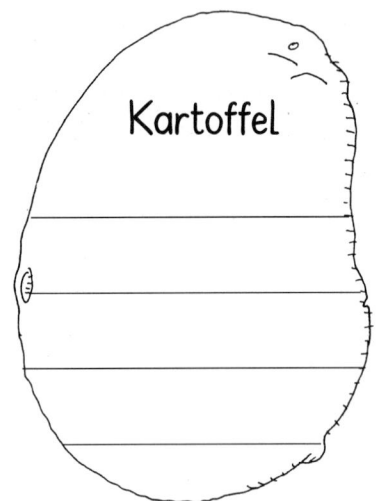
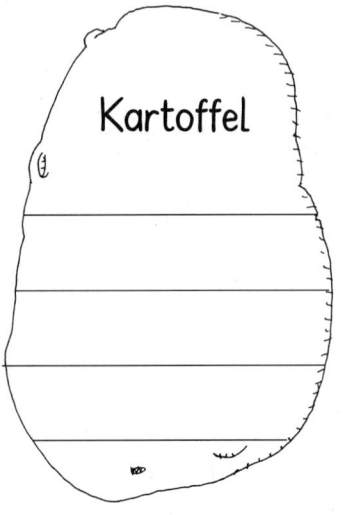
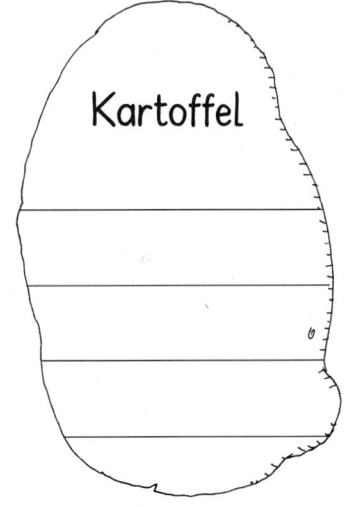

Kartoffel

Kartoffel

Kartoffel

5. Du kannst das auch mit „Tomate", „Melone" und „Limonade" probieren.

Merke: *a, e, i, o, u* sind Selbstlaute. Alle anderen Laute sind Mitlaute.

1. Erkennst du die Gemüsenamen auch, wenn die Selbstlaute fehlen?
   Setze passende Selbstlaute ein und schreibe das Wort auf.

   G rk   T m t   K pfs l t   B hn n   R tt ch

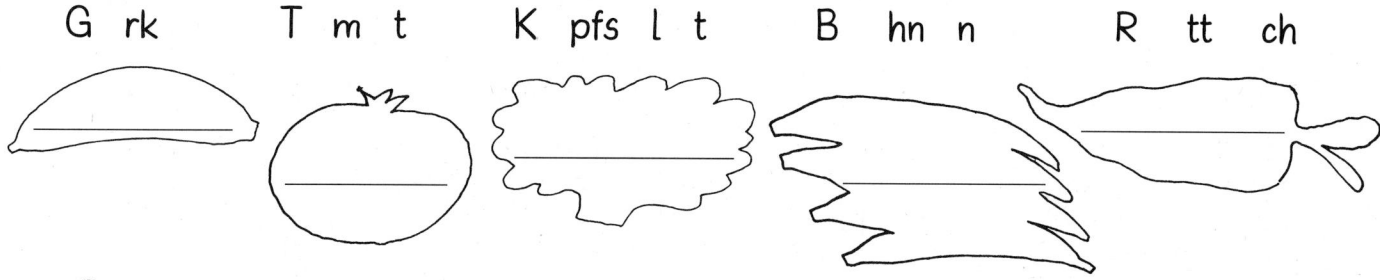

2. Suche die Selbstlaute im ABC. Kreise sie ein.

   A B C D E F G H I J K L M N O P Qu R
   S T U V W X Y Z

3. Wenn du nur die Mitlaute am Wortanfang veränderst, kannst du reimen.

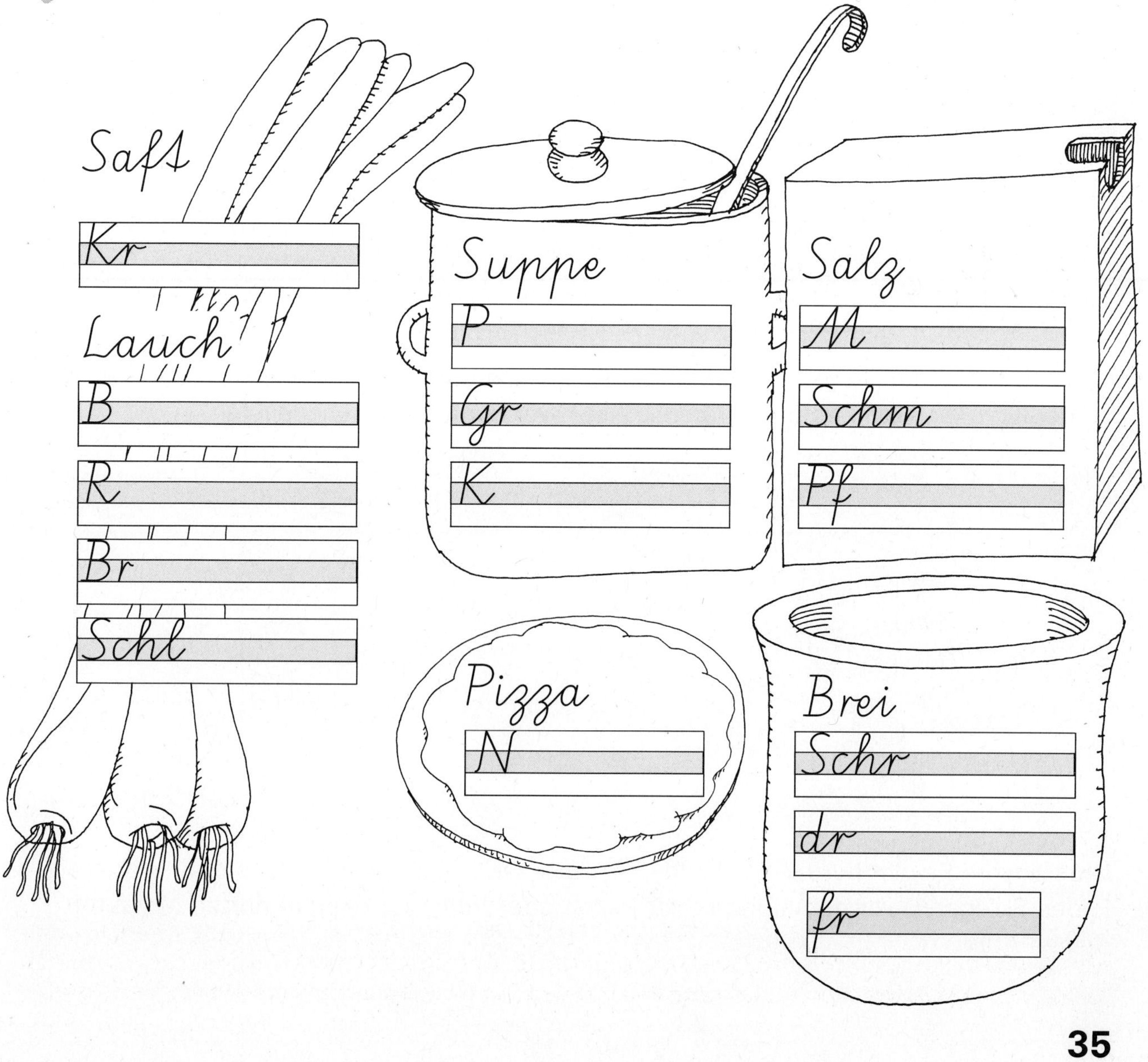

   Saft
   - Kr

   Lauch
   - B
   - R
   - Br
   - Schl

   Suppe
   - P
   - Gr
   - K

   Salz
   - M
   - Schm
   - Pf

   Pizza
   - N

   Brei
   - Schr
   - dr
   - fr

Weiche und harte Mitlaute; zum Sprachbuch Seite 57

Wohlfühl-Pausenbrot

1. Diese Wörter gehören in verschiedene Töpfe. Sortiere.
   Schreibe sie in den richtigen Topf.

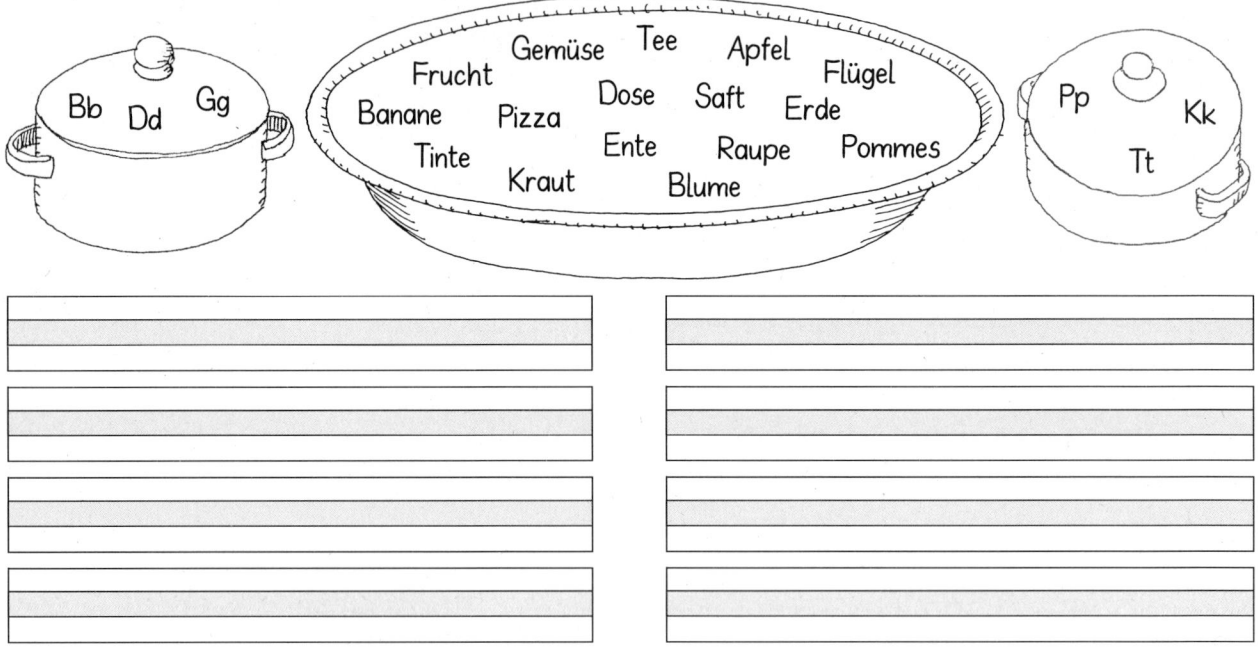

2. Welche Buchstaben fehlen?

   Dd oder Tt: Bo___en, Bro___, ___ezember, ___elefon

   Bb oder Pp: ___ank, ___um___en, ___apier, ar___eiten

   Gg oder Kk: ___erten, lie___en, ___ind, trin___en

3. Brecht euch nicht die Zunge. Sprecht die harten und weichen Mitlaute besonders deutlich. Wer kann es ohne Versprecher? Wer kann es am schnellsten?

Kleine Kinder kleben klebrige Pappplakate. Klebrige Pappplakate kleben kleine Kinder.

Die Katze tritt die Treppe krumm.

Untersuche: Es gibt harte und weiche Mitlaute. Wenn du einen Gegenstand (Watte, Feder, Spiegel ...) vor den Mund hältst, siehst oder fühlst du bei den harten Mitlauten deinen Atem.

Doppellaute; zum Sprachbuch Seite 63

Wir Kinder als Sammler

1. Ergänze die gesuchten Wörter. Kreise die Doppellaute ein.

   nicht gestern, sondern
   nicht eng, sondern
   nicht grob, sondern
   nicht fleißig, sondern
   nicht leise, sondern

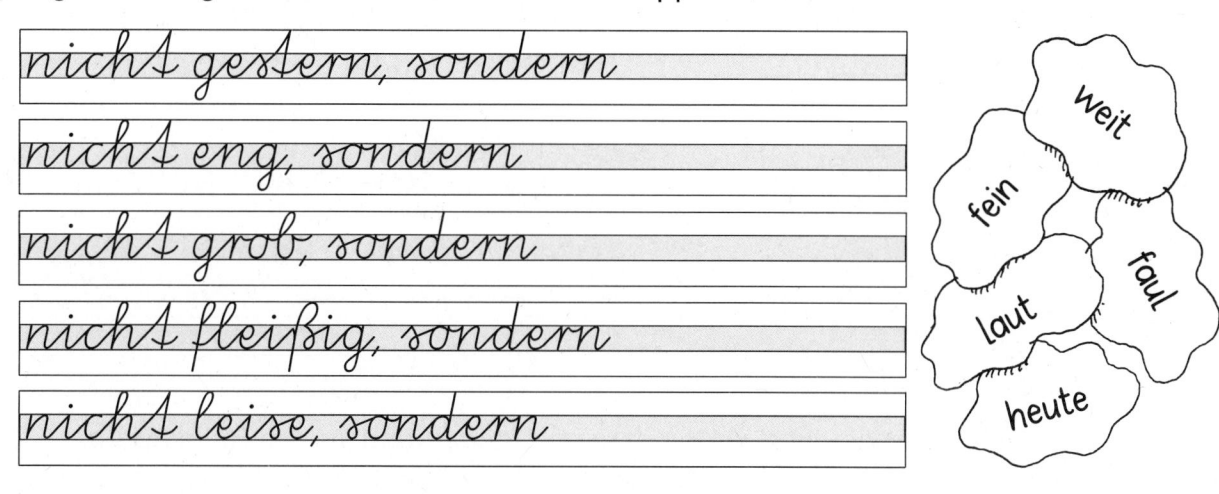

   Wörter: weit, fein, faul, laut, heute

2. Suche noch zehn weitere Wörter mit Doppellauten aus der Wörterliste. Schreibe sie auf. Kreise die Doppellaute ein.

3. Kreise den Doppellaut *ai* in den Wörtern ein und markiere ihn als schwierige Stelle.

   Mai — Hai — Kaiser — Kai

4. Schreibe jedes Wort dreimal auf. Verwende dabei verschiedene Farben. Denke an die Abschreibregel.

5. Lies dir diesen Satz genau durch. Merke ihn dir. Schreibe ihn auswendig auf. Kontrolliere.

   Im Mai hat Kaiser Kai Haie.

FF Erfinde selber lustige Sätze mit diesen Merkwörtern.

au, ei, eu, ai nennen wir Doppellaute. Wörter mit *ai* sind eine Ausnahme. Du musst sie dir merken.

37

Wir Kinder als Sammler

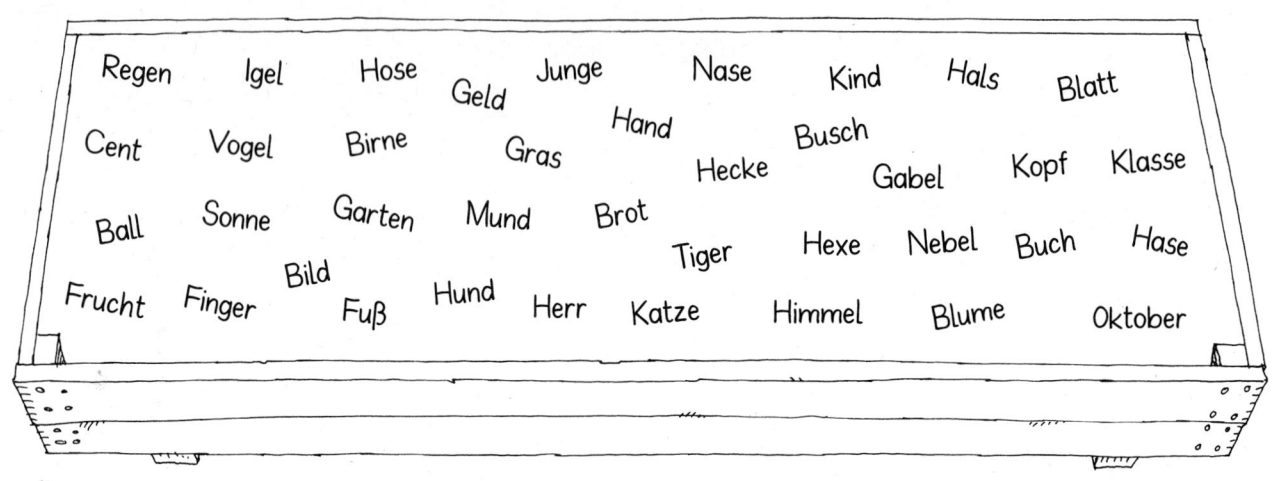

Regen Igel Hose Geld Junge Nase Kind Hals Blatt
Cent Vogel Birne Gras Hand Hecke Busch Gabel Kopf Klasse
Ball Sonne Garten Mund Brot Tiger Hexe Nebel Buch Hase
Frucht Finger Bild Fuß Hund Herr Katze Himmel Blume Oktober

1. Sprich diese Wörter deutlich. Ordne sie nach langen und kurzen Selbstlauten. Schreibe sie in die richtige Kiste. Markiere den Selbstlaut mit dem passenden Zeichen.

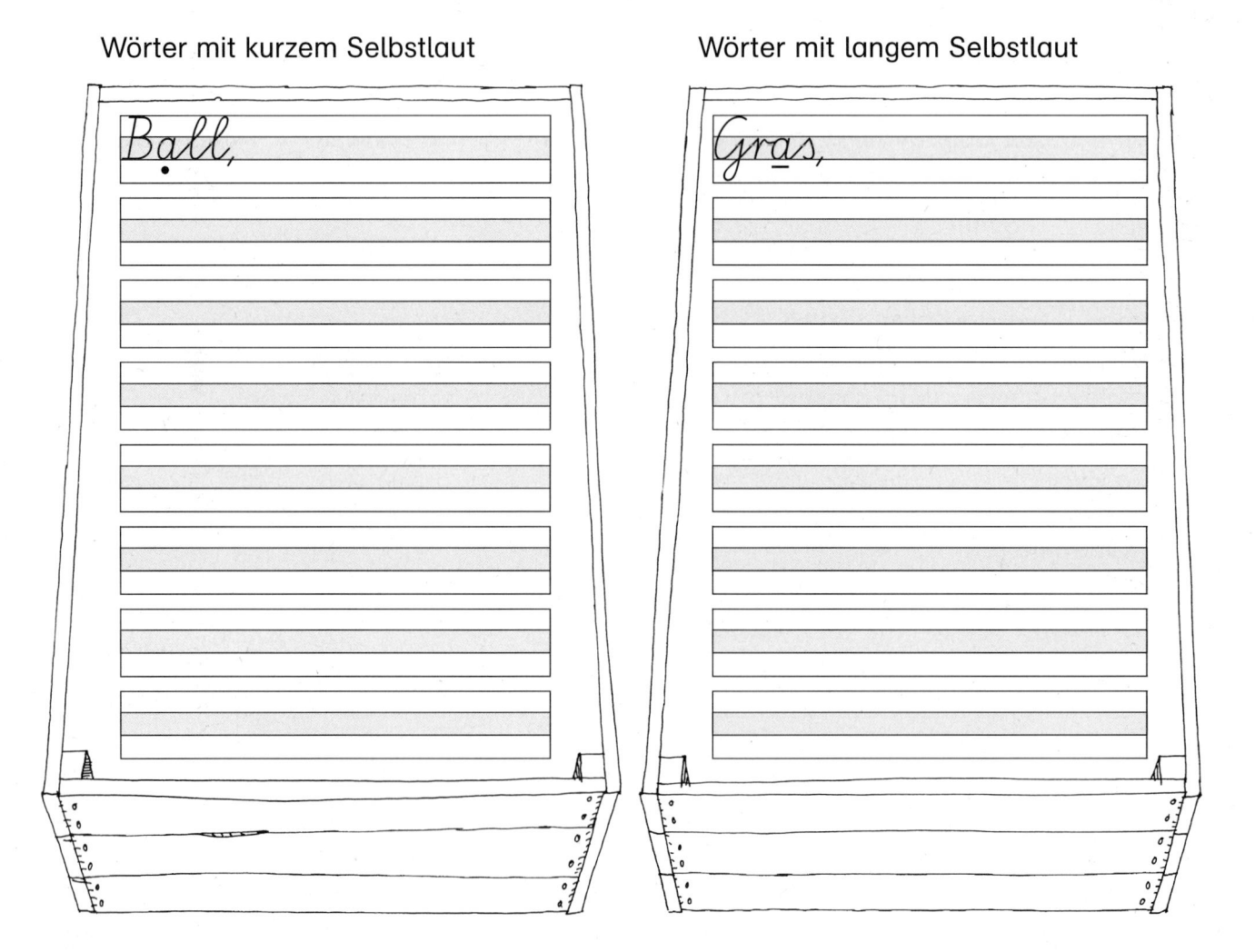

Wörter mit kurzem Selbstlaut

Ball,

Wörter mit langem Selbstlaut

Gras,

Merke: In Wörtern klingen Selbstlaute lang oder kurz. Nach einem kurzen Selbstlaut kommen oft zwei Mitlaute.

Doppelte Mitlaute; zum Sprachbuch Seite 65

1. Lies deutlich. Erkläre den Unterschied.

Peter sammelt in der **Hütte** viele schöne bunte **Hüte.**

2. Male für jeden Laut, den du hörst, einen Kreis an.
Schreibe dann die Wörter.

○○○○○   ○○○○○

_____   _____

3. Wo klingen die Wörter unterschiedlich? Markiere mit dem passenden Zeichen.

4. Spure den Unterschied im Wort nach.

5. Sprich die Wörter deutlich. Markiere den Selbstlaut und spure den doppelten Mitlaut nach.

essen   Schmetterling   alle   Mittwoch

Mutter   kommen   Herr   Klasse

Donnerstag   Himmel

Spagetti   stellen   Pizza

Merke: Doppelter Mitlaut steht nach kurzem Selbstlaut.

39

Doppelte Selbstlaute; zum Sprachbuch Seite 65

Wir Kinder als Sammler

1. Das sind Merkwörter. Kreise die Buchstaben ein, die du dir gut merken musst.

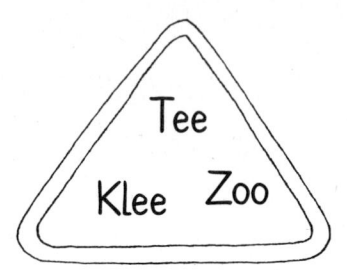

   Tee
   Klee Zoo

   Boot
   Haare
   Schnee

2. Schreibe jedes Wort mit Begleiter dreimal in ein „Gib-Acht-Schild".
   Verwende verschiedene Farben.

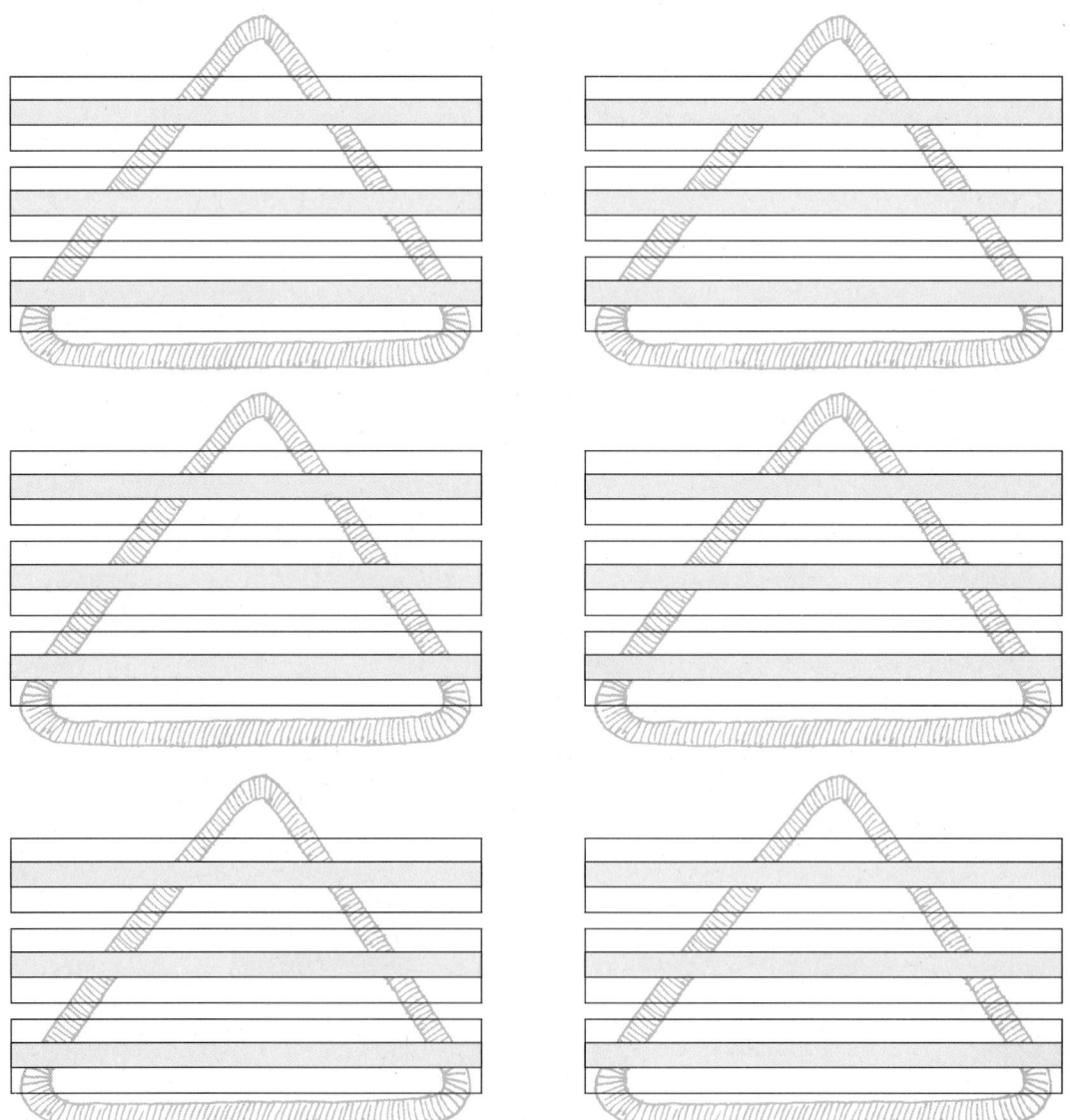

Es gibt wenige Wörter mit einem doppelten Selbstlaut. Diese musst du dir merken.

Frühling – Zeit zum Träumen

1. Die Blümchen zeigen dir Lernwörter. Spure sie nach.

März

Es kommt eine Zeit, da wird es warm und wärmer.
Die Kälte geht. Die Sträucher und Büsche werden wieder grün.
An den Ästen kannst du kleine Blätter sehen. Du hörst einen
Vogel, dann zwei Vögel und dann viele Vögel um die Wette singen:
Der Frühling ist da.

2. Lies die Lernwörter deinem Partner vor. Hört und ordnet. Markiert bei den Merkwörtern die schwierige Stelle.

Mitsprechwörter:

Nachdenkwörter:

Merkwörter:

Merke: Ää, Öö, Üü, Äu äu nennen wir Umlaute.

Umlaute; zum Sprachbuch Seite 69

Frühling – Zeit zum Träumen

1. Was gehört zusammen? Verbinde und erkläre.

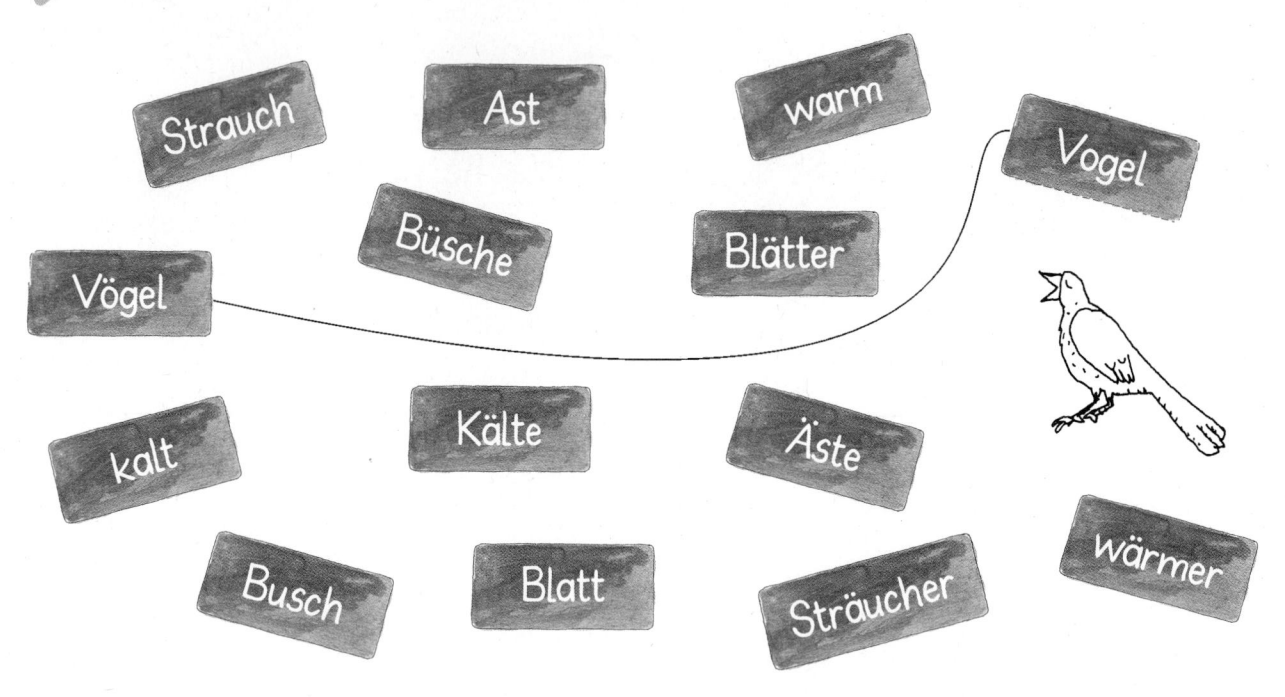

Strauch, Ast, warm, Vogel, Büsche, Blätter, Vögel, kalt, Kälte, Äste, Busch, Blatt, Sträucher, wärmer

2. Schreibe die Namenwörter mit Umlauten in der Einzahl und Mehrzahl mit Begleiter auf. Spure die Veränderungen in der Mehrzahl nach.

der Strauch – die Sträucher,

3. Einige der Merkwörter von Aufgabe 2 auf S. 41 sind für dich nun zu Nachdenkwörtern geworden. Schreibe sie auf und spure die Nachdenkstelle nach.

Untersuche: Ää ← Aa: Blätter ← Blatt, Kälte ← kalt
Äu äu ← Au au: Häuser ← Haus, er läuft ← laufen

42

Tunwörter; zum Sprachbuch Seite 72

1. Lies das Gedicht durch. Unterstreiche die Tunwörter.

Es kommt eine Zeit

da stehen die Schlitten im Keller,
da schmelzen die Schneemänner,
da fliegen keine Schneebälle mehr.
Es kommt eine Zeit,
da spielen die Kinder wieder draußen,
da zwitschern die Vögel wieder,
da wachsen wieder grüne Blätter,
und bunte Blumen blühen wieder.
Der Frühling ist da.

2. Schreibe Erzählsätze in dein Heft. Unterstreiche die Tunwörter und spure den Anfangsbuchstaben nach.

So: *Wir singen gemeinsam ein Frühlingslied.*

- fahren
- auf die Bäume
- treffen
- singen
- im Garten
- klettern
- auf dem Spielplatz
- mit dem Roller
- arbeiten
- ein Lied

Untersuche: Sagt das Wort, was Menschen, Tiere oder Pflanzen tun, dann ist es ein Tunwort. Tunwörter beginnen mit einem kleinen Buchstaben.

43

Tunwörter; zum Sprachbuch Seite 71

Frühling – Zeit zum Träumen

1. Tunwörter verändern sich. Sprich die verschiedenen Formen.
Schreibe sie auf. Spure die Veränderungen nach.

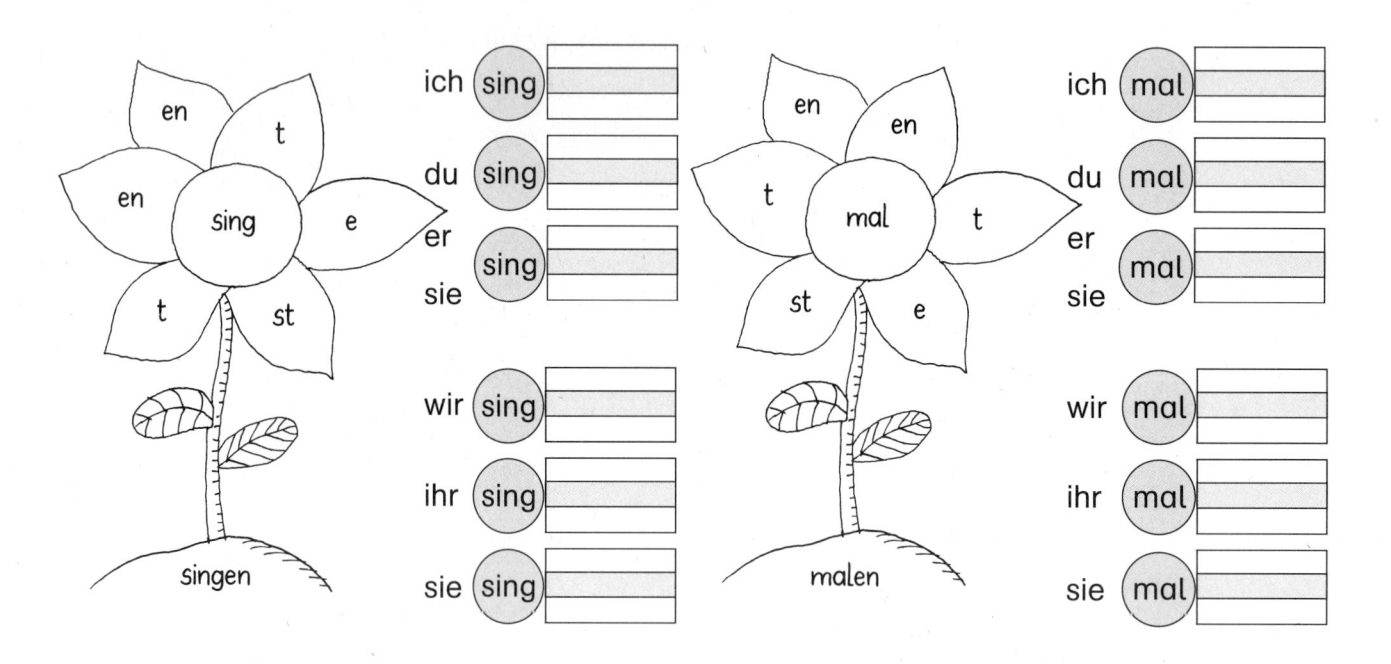

singen

ich	sing
du	sing
er sie	sing
wir	sing
ihr	sing
sie	sing

malen

ich	mal
du	mal
er sie	mal
wir	mal
ihr	mal
sie	mal

2. Setze diese Tunwörter in die richtige Form.

ich *fliege*
du
er sie
wir
ihr
sie

ich *baue*
du
er sie
wir
ihr
sie

ich *gehe*
du
er sie
wir
ihr
sie

Untersuche: Tunwörter können sich verändern. Es kommt darauf an, <u>wer</u> etwas tut, zum Beispiel: *ich höre, du hörst, …*
Jedes Tunwort hat eine <u>Grundform</u>, zum Beispiel: *hören.*

Tunwörter; zum Sprachbuch Seite 71

1. Sprich die verschiedenen Formen der Tunwörter. Schreibe sie auf. Spure die Veränderungen nach.

ich (fahr)   ich

du (fähr)   du

er/sie (fähr)   er/sie

fahren   laufen

wir (fahr)   wir

ihr (fahr)   ihr

sie (fahr)   sie

2. Setze diese Tunwörter in die ich-Form, du-Form sowie in die er- oder sie-Form.
So: *ich falle, du fällst …*

Aufgepasst! Bei manchen Tunwörtern verändert sich nicht nur die Endung.

fallen:

geben:

halten:

3. Schreibe mit jeden Tunwort einen Satz.

FF Daraus kann sogar eine Geschichte werden.

Doppelter Mitlaut, Silbentrennung; zum Sprachbuch Seiten 76, 77

Frühling – Zeit zum Träumen

1. Setze die Wörter aus den Silben zusammen und schreibe sie auf.

Silben: Wet-, ne, Him-, ter, ser, wit-, Son-, mel, Was-, ne, Ton-, Ge-, ter

Das weißt du schon: Doppelter Mitlaut steht nur nach kurzem Selbstlaut.

2. Sprich deinem Partner die Wörter von Aufgabe 1 deutlich vor. Achte auf den Selbstlaut vor dem doppelten Mitlaut.

3. Markiere in den Wörtern von Aufgabe 1 den Selbstlaut und spure den doppelten Mitlaut nach.

4. Sprich die Wörter in Silben. Dann kannst du den doppelten Mitlaut sogar hören. Zeichne bei den Wörtern von Aufgabe 1 die Silbenbögen.

5. Schreibe die Wörter nun getrennt auf.

Merke: Mehrsilbige Wörter mit doppeltem Mitlaut trennen wir zwischen den Mitlauten.

Wiewörter; zum Sprachbuch Seiten 81, 82

Die Hecke

1. Unterstreiche die Wiewörter im Rätsel mit Grün.

Ein Rätsel

Mein Tier hat braunes, weiches Fell.
Seine Ohren sind lang, damit kann es
sehr gut hören. Blume nennt der Jäger
seinen kleinen Schwanz, weil er unten
blütenweiß ist. Mein Tier ist sehr schnell.
Wenn es verfolgt wird, schlägt es Haken.

Kennst du mein Tier?

2. Die Wiewörter passen zu den Tieren und Pflanzen.
Verbinde die Wortkarten mit den Bildern.

scheu · stachelig · klein · sauer · hungrig · rot · grün · schnell · langsam

3. Schreibe Sätze. Unterstreiche das Wiewort und spure den Anfangsbuchstaben nach.
So: *Die Spinne ist hungrig.*

Untersuche: Gibt dir ein Wort auf diese Fragen eine Antwort?
Wie sieht etwas aus?
Wie riecht etwas?
Wie schmeckt etwas?
Wie ist etwas?
Wie fühlt sich etwas an?
Dann ist es ein Wiewort. Wiewörter beginnen mit einem kleinen Buchstaben.

Wiewörter; zum Sprachbuch Seite 82

Die Hecke

1. Schreibe jetzt so: *In der Hecke lebt die hungrige Spinne.*
Spure nach, was sich am Wiewort verändert.

gezackt schnell
gelb süß gesund
ungiftig dicht
buschig länglich mutig
dunkel stachelig groß
giftig schwarz
ängstlich hell klein
weiß

2. Schreibe nun ein Rätsel zu einem Tier und einer Pflanze.
Die Wiewörter helfen dir dabei.

Mein Tier hat   *Meine Pflanze hat*

Merke: Das Wiewort verändert sich, wenn es vor dem Namenwort steht.

Wiewörter; zum Sprachbuch Seite 83

1. In dieser Hecke haben sich jeweils drei Tiere, Menschen und Dinge versteckt. Suche sie. Male sie an.

2. Schreibe Sätze in dein Heft.
   So: *Die Schnecke kriecht langsam einen Baum hinauf.*

FF Spielidee: Teekesselchen. Zu jedem dieser Wörter gibt es zwei Bedeutungen. Suche dir mit deinem Partner ein Wort aus und beschreibt abwechselnd der Klasse euer Teekesselchen.
   So: *Mein Teekesselchen kann lange Federn haben oder aus bunten Blumen bestehen.*

Feder — Drachen — Hahn — Bank — Strauß — Flügel

FF Fertigt daraus ein Teekesselchenbuch für eine andere Klasse.

Merke: Wiewörter beschreiben Menschen, Tiere, Pflanzen und Dinge.

Wörter mit Vv; zum Sprachbuch Seite 85

Die Hecke

1. Lies die Wörter genau. Lege auf ein oder mehrere Wörter einen Gegenstand. Dein Nachbar soll sich damit einen Satz ausdenken. Wechselt ab.

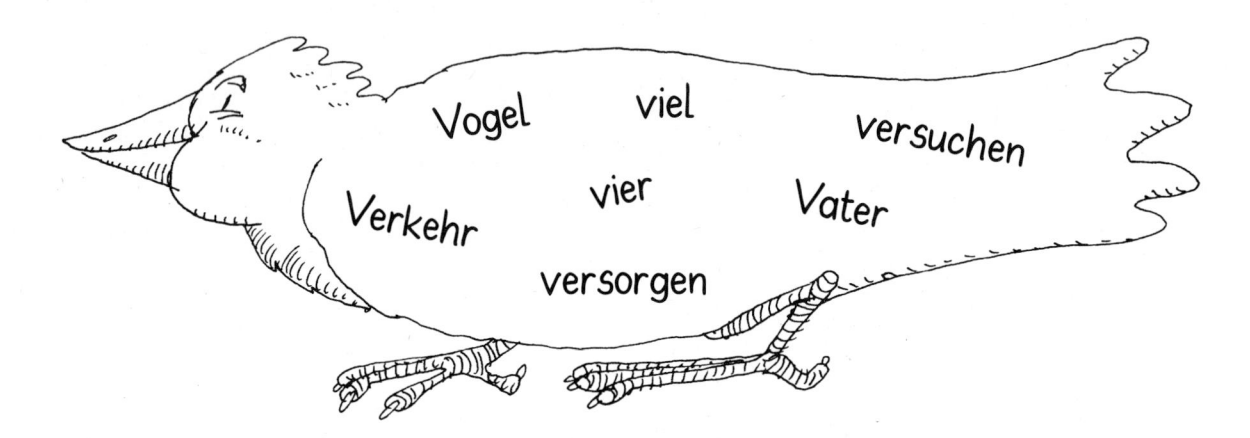

Vogel   viel   versuchen   Verkehr   vier   Vater   versorgen

2. Spure die Wörter nach und markiere die schwierige Stelle.

3. Schreibe jedes Wort in Druckschrift und Schreibschrift. Male das *Vv* an.

4. Erkennst du die Wörter auch so?

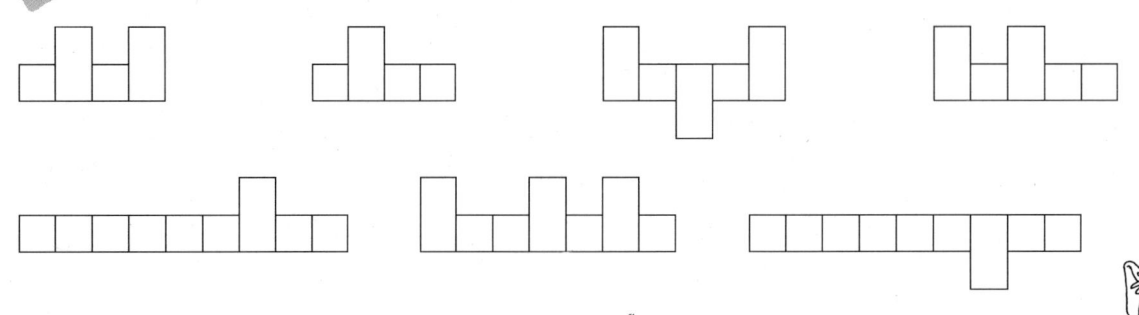

Die Wörter mit *Vv* musst du dir merken.

50

Wörter mit Vv; zum Sprachbuch Seite 85

1. Diese Wörter benutzen wir oft. Verbinde die Puzzleteile.

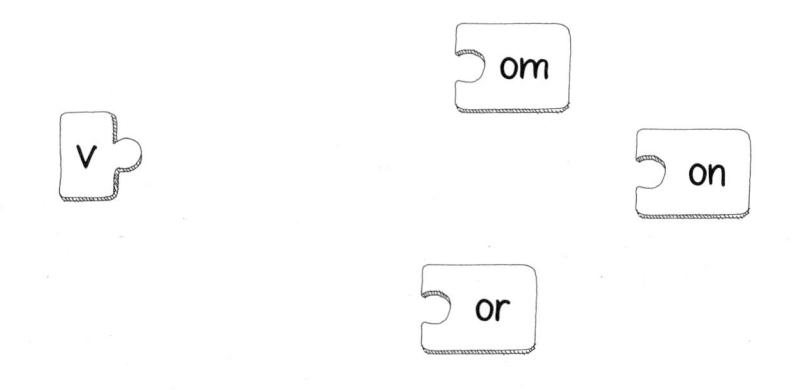

v   om
     on
     or

2. Schreibe sie auf. Markiere die schwierige Stelle.

3. Setze die Wörter richtig in die Lücken ein.

Der Heckenfürst _____ Heckenhausen.

Herr Heckenfürst _____ Heckenhausen lebte schon lange in einem kleinen

Schloss _____ einer großen Hecke. Er war oft sehr müde _____

Arbeiten in der Hecke. Da bekam er einen Brief _____ Gräfin Vogel _____

Vogelhausen.

Lieber Heckenfürst _____ Heckenhausen.

Sie müssen nicht so viel in der Hecke arbeiten, denn _____ Arbeiten wird man

müde. Sie sehen _____ Ihrem Fenster viele Vögel, die Ihnen ihre Arbeit abneh-

men. Ruhen Sie sich also bitte _____ Ihrer Arbeit aus!

Ihre Gräfin Vogel _____ Vogelhausen

Satzarten; zum Sprachbuch Seiten 87, 88

Die Hecke

1. Eine Hecke wird angelegt. Wenn du die Linien verfolgst, weißt du, was Mutter, Vater, Toni und Eva tun.

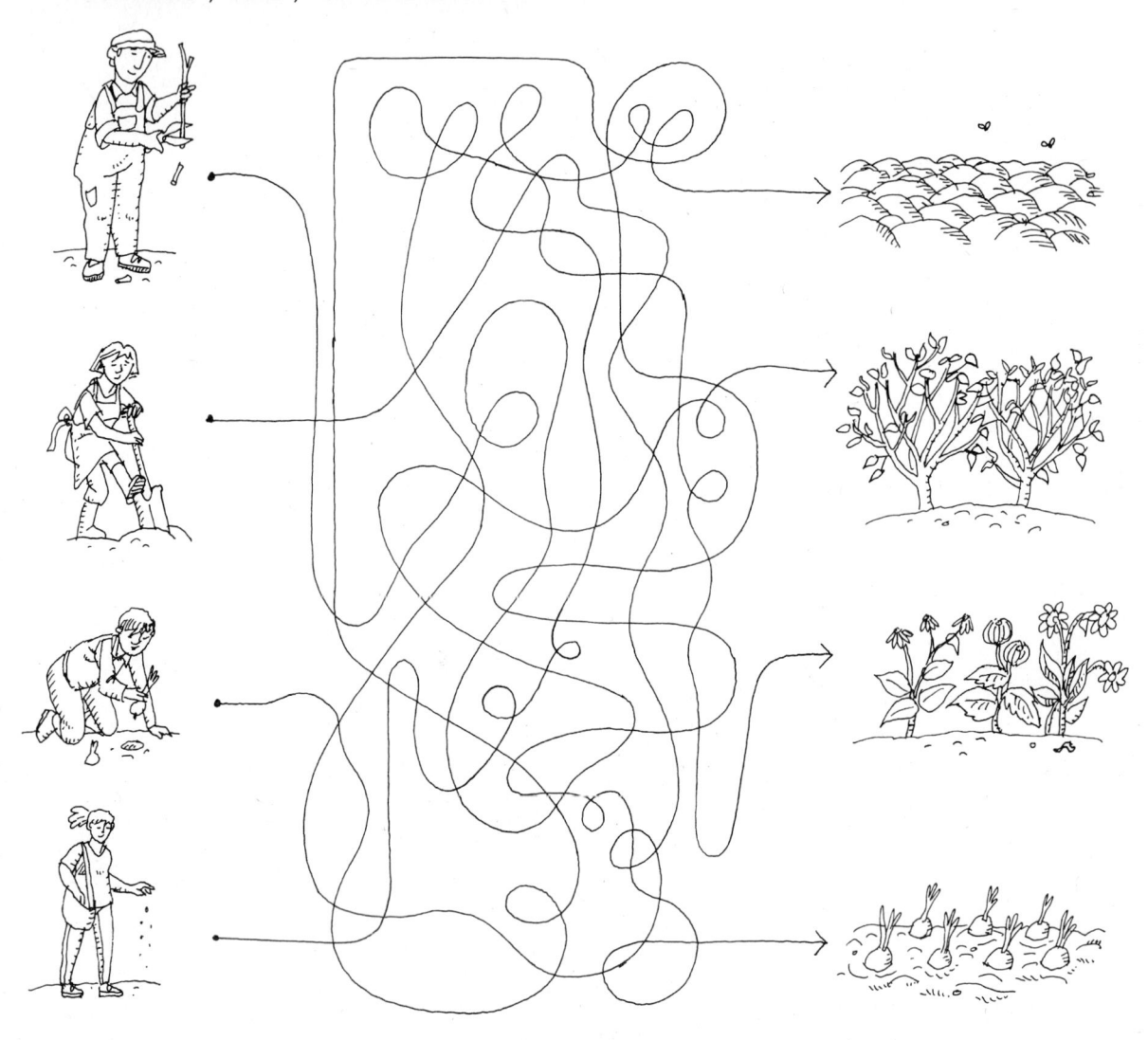

2. Was tun sie? Schreibe Sätze auf. Denke an die Satzzeichen.

Mutter _____
Vater _____
Toni _____
Eva _____

Merke: Wenn du etwas erzählen möchtest, sagst du das mit einem Erzählsatz. Am Ende eines Erzählsatzes steht ein Punkt.

Satzarten; zum Sprachbuch Seite 87

1. Die Kinder haben noch viele Fragen zur Hecke. Überlege dir zu den Gedanken Fragen. Schreibe sie auf. Denke an das passende Satzzeichen am Satzende.

- Genügend Geld?
- Tiere in der Hecke?
- Im Schulgarten anlegen?
- Woher Hilfe?
- Welches Werkzeug?
- Pflanzen in unserer Hecke?

Welche Tiere

2. Fragezeichen oder Punkt?
Lies genau. Setze richtig ein. Schreibe dann selber weiter.

Beim Bund Naturschutz

Toni und Eva wollen noch mehr über die Hecke wissen ☐ Sie gehen zum Bund Naturschutz ☐ Eva fragt: „Wir pflanzen in unserem Schulgarten eine Benjeshecke ☐ Würden Sie uns dabei bitte helfen ☐" Der Herr antwortet: „Ich helfe euch gerne ☐ Habt ihr denn noch Fragen ☐" Eva und Toni lesen ihre Fragen vor: „Wie muss der Boden unter der Hecke sein ☐ Welche Pflanzen und Tiere leben in der Hecke ☐ Müssen wir die Tiere im Winter füttern ☐"

Merke: Wir fragen mit Fragesätzen. Am Ende eines Fragesatzes steht ein Fragezeichen.

Satzarten; zum Sprachbuch Seite 88

Die Hecke

1. So verschieden sind die Meinungen zu eurer Heckenpflanzaktion.
Wie müssen die Sätze klingen? Schreibe das passende Satzzeichen in Farbe dazu.

- So eine tolle Idee
- Endlich ein Platz für Tiere
- Unser schöner, ordentlicher Schulgarten
- Um Himmels Willen, das macht alles so viel Arbeit
- So viele Pflanzen können hier wachsen
- Jetzt können wir viel entdecken

2. Michael und Lena sind unterschiedlicher Meinung. Spiele das Gespräch mit deinem Nachbarn oder deiner Nachbarin. Überlege dir Ausrufesätze, die ausdrücken, was dir wichtig ist. Schreibe die Ausrufesätze dann in dein Heft.
So: *So viele Tiere und Pflanzen sterben!*
Eine Hecke ist doch viel zu teuer!

Michael:
- Tiere und Pflanzen sterben
- Schulgarten langweilig
- Hecke schützt
- Tiere beobachten
- Hecke anzulegen – nicht schwierig

Lena:
- viel Dreck
- ist teuer
- nicht ordentlich
- viel Arbeit
- nichts für Kinder

Merke: Wenn du deine Gefühle und Wünsche besonders ausdrücken möchtest, rufst du es aus. Ausrufe schreiben wir als Ausrufesätze.
Am Ende eines Ausrufesatzes steht ein Ausrufezeichen.

Wörter mit i und ie; zum Sprachbuch Seite 89

1. In allem, was du in der Hecke siehst, hörst du beim Sprechen den Laut *i*. Male in verschiedenen Farben an, wo du das *i* lang hörst und wo du das *i* kurz hörst.

2. Schreibe die Wörter mit *ie* dreimal mit Begleiter. Verwende verschiedene Farben. Markiere das *ie*.

3. Nicht alles auf dem Bild gehört wirklich in die Hecke. Kreise das Richtige ein.

FF Lies und ergänze. Erfinde weitere Tier- und Pflanzennamen. Achte auf *ie* oder *i*.

Fliegenpilz oder Pilzfliege?

Ist ein Fliegenpilz ein Fliegenpilz, weil er fliegen kann? Nein.

Viel eher gibt es doch eine Fliege, die auf einen Pilz fliegt. Ist sie dann eine Pilzfliege?

Gibt es dann auch Pilzbienen, Pilz ... _____?

Oder vielleicht auch Birnenfliegen, _____?

Merke: Wenn wir das *i* in einem Wort lang sprechen, wird es meistens als *ie* geschrieben.

55

Wörter mit ie; zum Sprachbuch Seite 89

Die Hecke

1. So viele Wörter mit *ie*. Löse das Kreuzworträtsel. In Kreuzworträtseln werden alle Buchstaben großgeschrieben.

1. Wenn du sie schneidest, weinst du.
2. Das Gegenteil von wenig.
3. Im Bett tust du es.
4. Wenn du Schnupfen hast, tust du es.
5. Du schickst ihn mit der Post.
6. Die Zahl nach der Sechs.
7. Kinder tun es gerne.
8. Das Gegenteil von hoch.

2. Spure im Kreuzworträtsel alle Namenwörter rot, alle Tunwörter blau und alle Wiewörter grün nach.

3. Das sind häufige Wörter mit *ie*. Setze ein. Lies die Wörter.

d___   w___

v___l   w___der

d___s   h___r

s___   n___

56

Wörter mit langem I i; zum Sprachbuch Seite 90

(Sprechblase: Igel, gibt, dir, mir, wir, Tiger)

1. Sprich die Wörter deutlich. Markiere das *I i* mit einem passenden Zeichen.

2. Schreibe mit jedem Wort einen Satz.

3. Setze die *I i*-Wörter richtig in das Gedicht ein.

Den stacheligen _____

_____ es bei _____ im Garten.

Am Abend kommt er pünktlich,

da müssen _____ nicht warten.

Den _____ , ja da bin ich froh,

gibt's nur bei _____ in „Afriko".

Es gibt einige Wörter, in denen das lange *i* nur als *I i* geschrieben wird. Diese Wörter musst du dir merken.

57

Die Hecke

1. Lies das Schneckengedicht im Flüsterton. Spure die Wörter nach, die du auch beim Flüstern noch gut hörst.

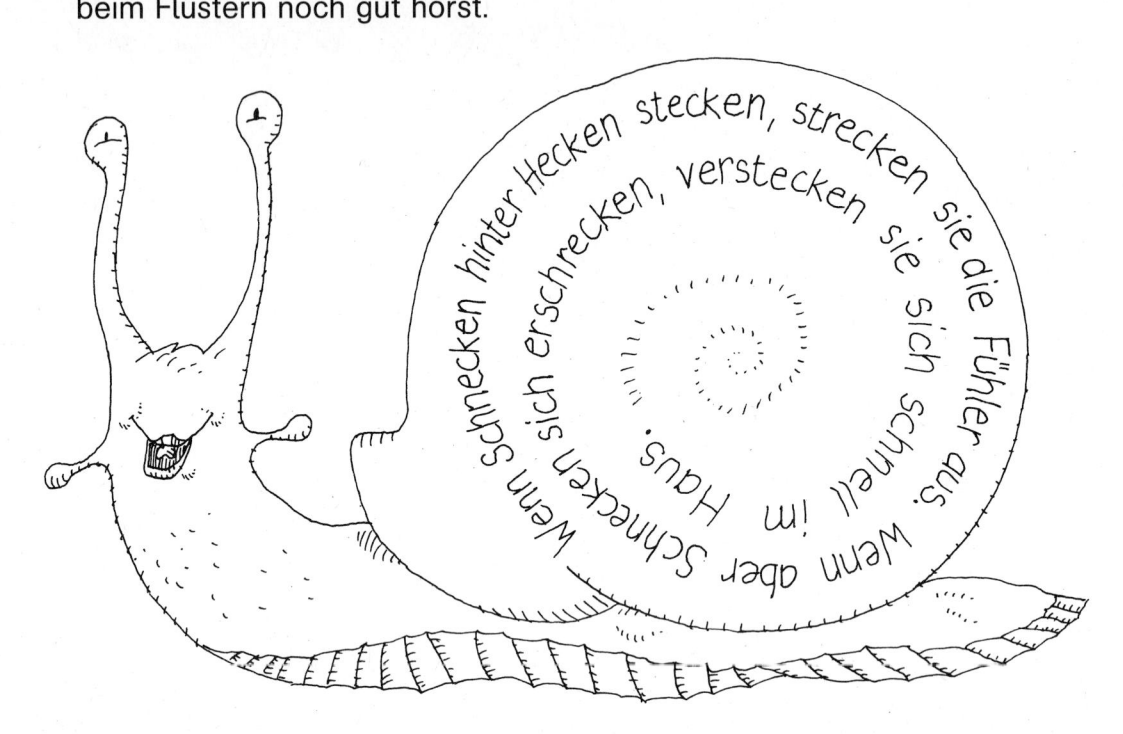

Wenn Schnecken hinter Hecken stecken, strecken sie die Fühler aus. Wenn aber Schnecken sich erschrecken, verstecken sie sich schnell im Haus.

2. Sprich die Wörter mit *ck* deutlich. Wie hörst du den Selbstlaut vor dem *ck*? Markiere ihn mit dem passenden Zeichen.

3. Schreibe jedes Wort mit *ck* so oft in die Schneckenspur, bist du es ganz sicher schreiben kannst. Kennzeichne die schwierige Stelle.
Du kannst verschiedene Farben und verschiedene Schriften verwenden.

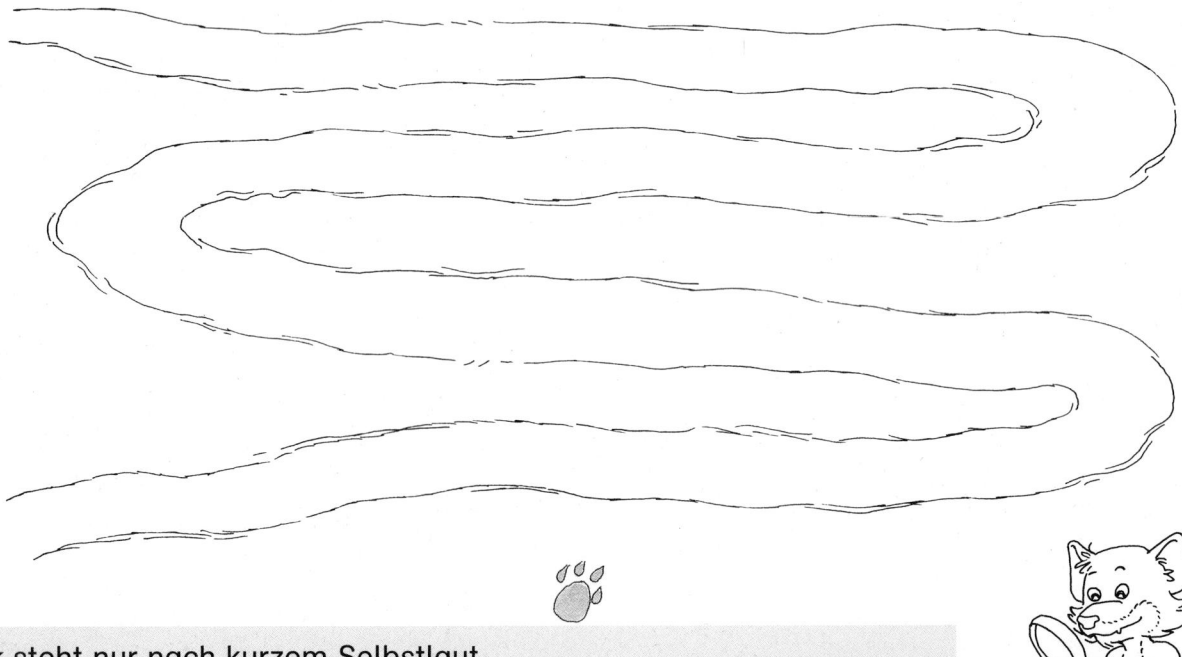

ck steht nur nach kurzem Selbstlaut.
Wörter mit *ck* musst du dir merken.

58

Wörter mit ck; zum Sprachbuch Seite 91

1. Lass dir die Wörter diktieren. Kontrolliere.

   Hecke   Schnecke   Rücken   Glück   Ecke   Zucker   Wecker

2. Schreibe in die Schnecken.

   Diese Wörter kann ich schon sicher.   Diese Wörter sind noch schwierig für mich.

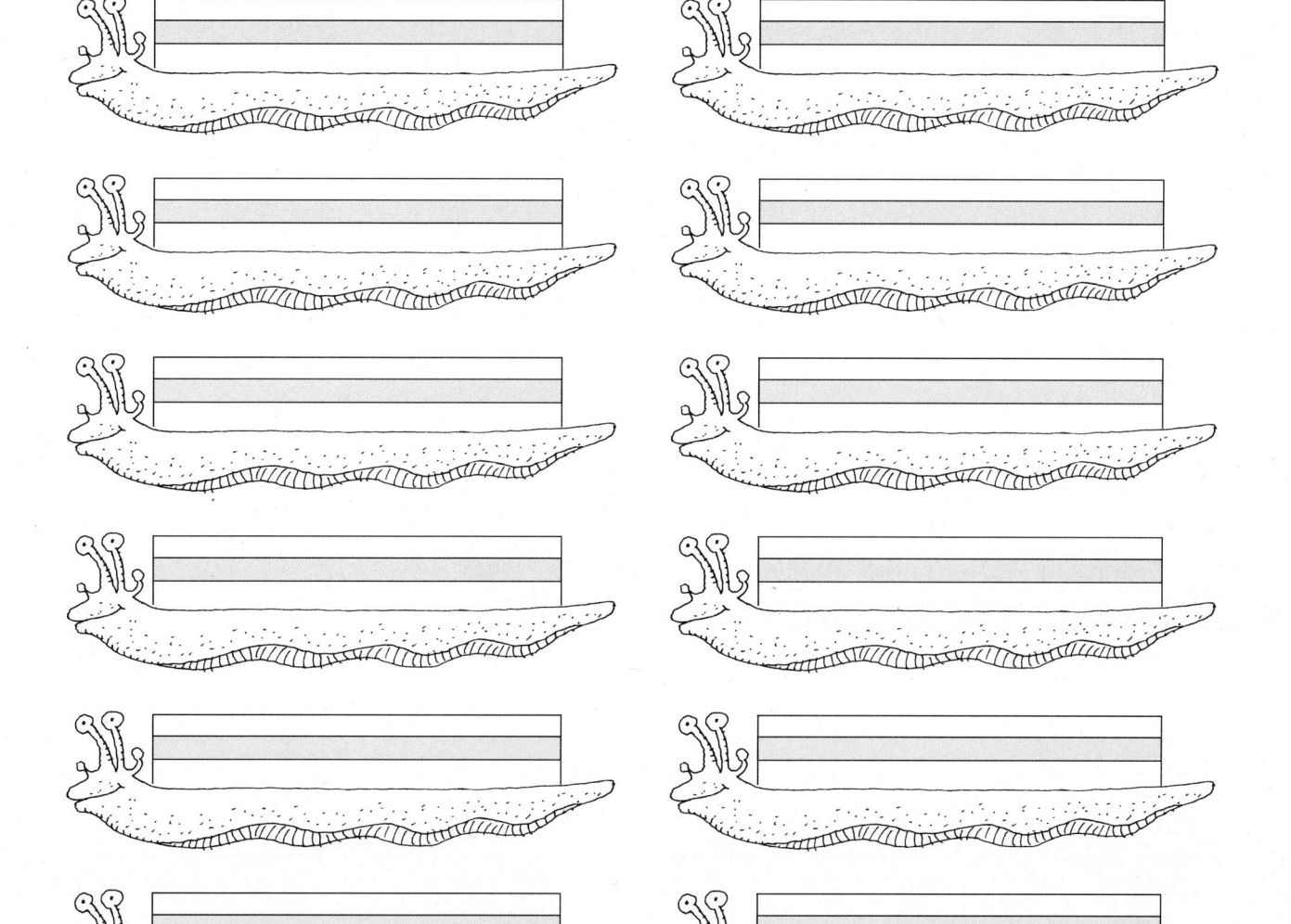

FF Malt eine große Schnecke auf. Schreibt alle *ck*-Wörter in sie hinein.
Hängt ein Schneckenplakat in der Klasse auf. Der Computer kann euch beim Vergrößern der Schrift helfen.

Wörter mit Dehnungs-h; zum Sprachbuch Seite 95

Die Uhr

1. In allen Uhren findest du Wörter mit Dehnungs-h. Sprich die Wörter deutlich.
Achte dabei auf den Selbstlaut vor dem Dehnungs-h.
Markiere ihn mit dem passenden Zeichen.

Kuh   Verkehr   wohnen   Zahl

zählen   Zahn   fahren   Ohr

Schuh   Uhr   zehn

Dehnungs-h steht nur nach langem Selbstlaut

2. Ordne die Wörter in die Tabelle ein.
Suche noch weitere passende Wörter aus der Wörterliste.

Ah, ah (äh)	Eh, eh	Oh, oh (öh)	Uh, uh (üh)

Nach einem langen Selbstlaut kommt manchmal ein *h*.
Wir nennen es Dehnungs-h.
Wörter mit Dehnungs-h musst du dir merken.

Wörter mit Dehnungs-h; zum Sprachbuch Seiten 95, 96

1. Erkennst du die Wörter auch so? Schreibe sie in Schreibschrift auf.

2. Schreibe die Wörter, wenn möglich, getrennt auf.
Sprich dabei deutlich und klatsche dazu. So: *fah-ren*

3. Unterstreiche alle Namenwörter rot und alle Tunwörter blau.
Schreibe die Namenwörter mit Begleiter und die Tunwörter in der ich-, du-, er-Form in dein Heft.

4. Welche Wörter gehören zusammen? Verbinde.

Zahlwort • gehen • Gehsteig • Fahrzeug • sehen

Sehtest • gehbehindert • sehbehindert • Zahl

Fahrrad • wohnen • fahren • Wohnung

Kannst du über alle zwölf oder sogar 24 Stunden etwas schreiben?

FF Findest du noch weitere verwandte Wörter?

FF Schreibe mit den Lernwörtern eine verrückte Uhrengeschichte.
Um zwei Uhr fährt die Kuh mit dem Auto los ...

Zusammengesetzte Namenwörter; zum Sprachbuch Seite 96

Die Uhr

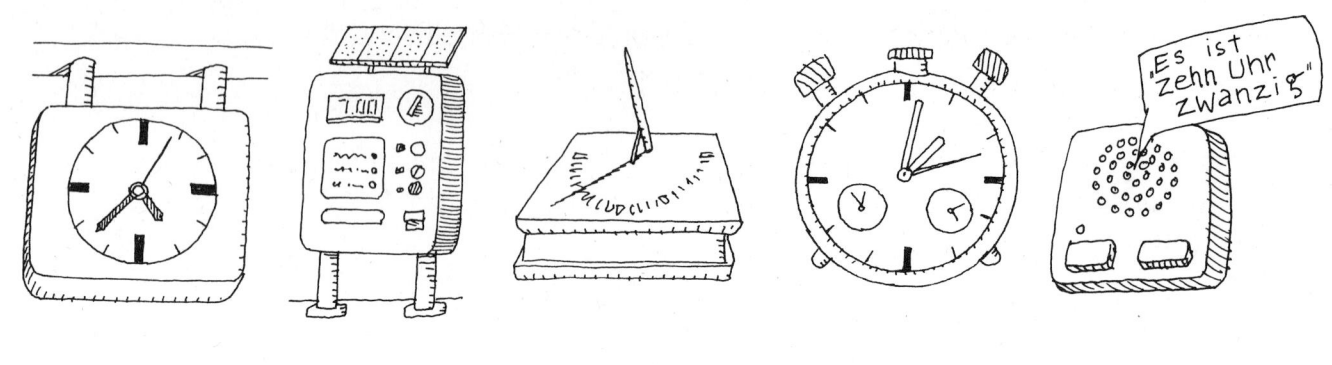

1. So viele verschiedene Uhren
   Die Menschen haben ihnen Namen gegeben.
   Schreibe sie auf. Diese Wörter helfen dir: stoppen, Sonne, Bahnhof, parken, Blinde

2. Erfinde selber Uhrennamen mit zusammengesetzten Namenwörtern.
   Die Bilder können dir dabei helfen. Gibt es deine Uhren wirklich?

   Achte auf die Buchstaben, die manchmal beide Namenwörter verbinden.

Schrift entwickeln; zum Sprachbuch Seiten 101–104

Meine Schrift

1. Schreibe in die 1. Zeile folgenden Satz in Schreibschrift:

Das ist meine schönste Schrift.

Lass dann Erwachsene und andere Kinder diesen Satz aufschreiben.
Vergleiche.

2. Sechs verschiedene Formen kommen in unserer Schrift immer wieder vor:

O o	l e j	U u	A N	m	L Z
das Oval	die Schleife	die Girlande	die Ecke	die Arkade	die Welle

Schreibe in Schreibschrift, was die Fliege schrieb. Entdeckst du die Grundformen?
Spure sie farbig nach.

Eine Fliegengeschichte

Hört, was ich berichte: eine Fliegengeschichte.
Eine Geschichte und keine Lüge und sogar von einer Fliege!
Die setzte sich auf das Tintenfass,
machte ihre ein, zwei, drei, vier, fünf, sechs Beine nass,
flog dann zum Spaß auf das Briefpapier
und schrieb dort mir:

Schrift entwickeln; zum Sprachbuch Seiten 101–104

Meine Schrift

Wir üben die Grundformen

1. Übe mit der Karteikarte in deinem Heft oder auf deinem Block.

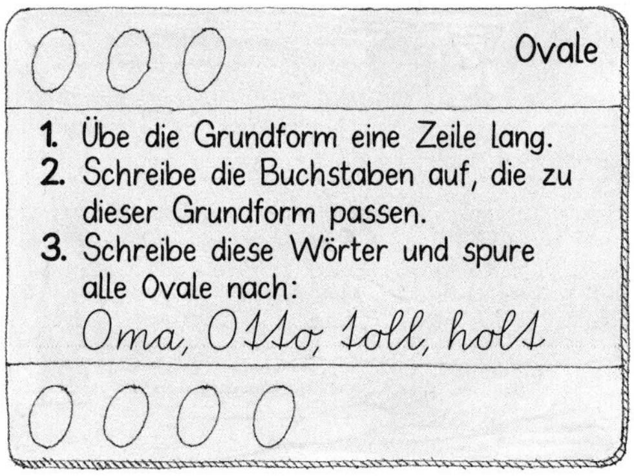

   Ovale
   1. Übe die Grundform eine Zeile lang.
   2. Schreibe die Buchstaben auf, die zu dieser Grundform passen.
   3. Schreibe diese Wörter und spure alle Ovale nach:
   Oma, Otto, toll, holt

Kinder teilen ihre Hefte immer wieder anders ein.
Versuche du das auch.

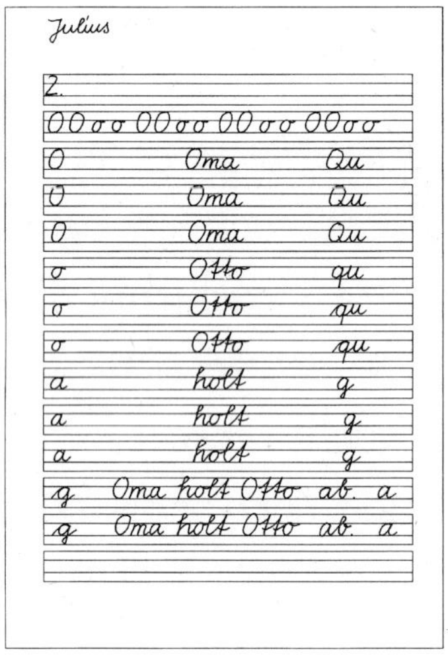

2. Hänge viele O/o-Wörter an den Baum. Spure die O/o lila nach.

   Ein besonderer Pflaumenbaum

   toll

3. Nur ein Buchstabe ändert sich. Schreibe auf.

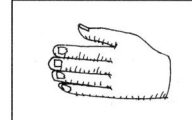

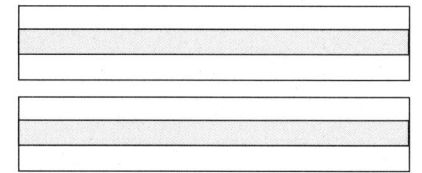

FF Findest du noch weitere solcher Wörter? Schreibe sie auf.

64

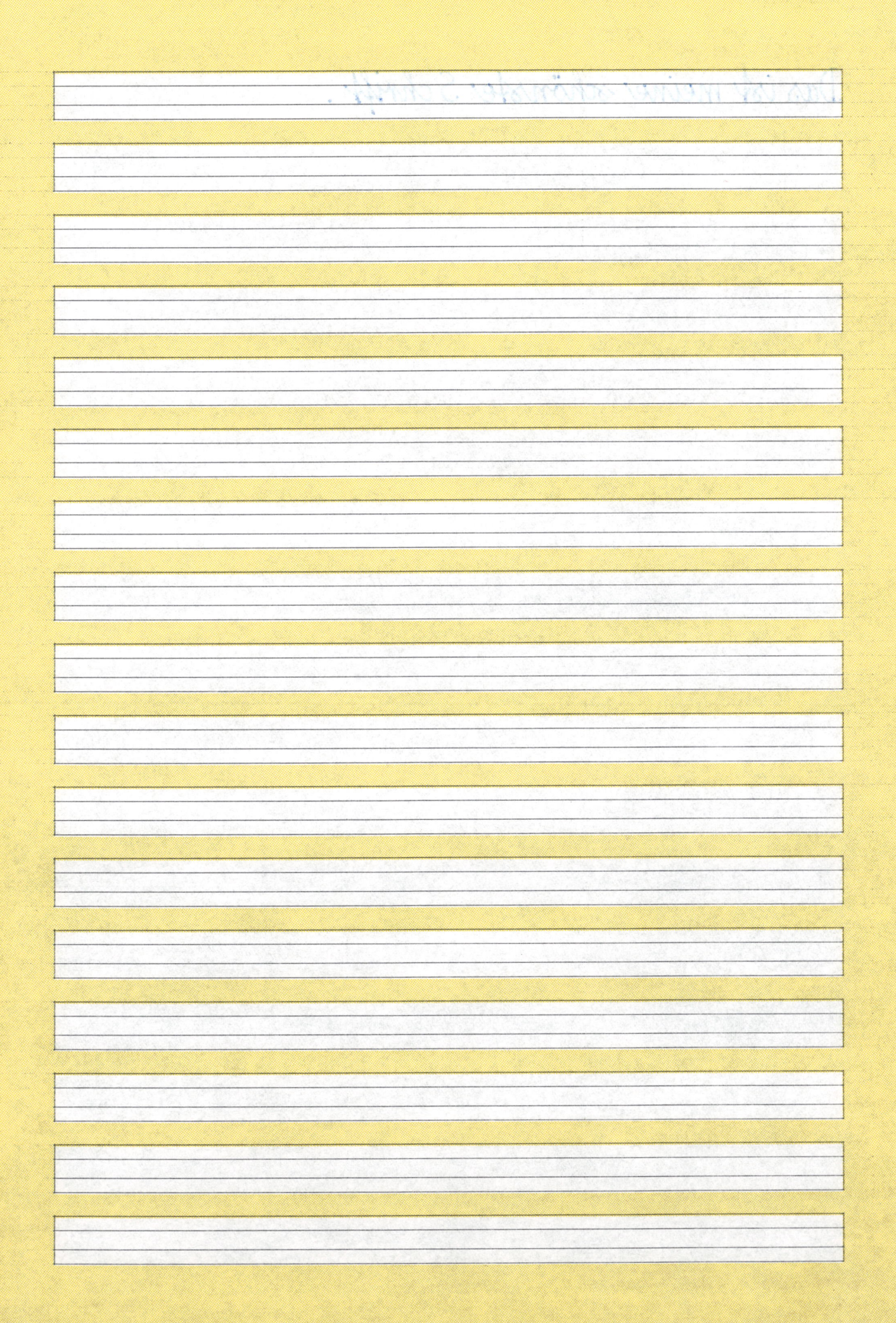

Das ist meine schönste Schrift.

Das ist meine schönste Schrift.

1. Übe mit der Karteikarte in deinem Heft oder auf deinem Block.

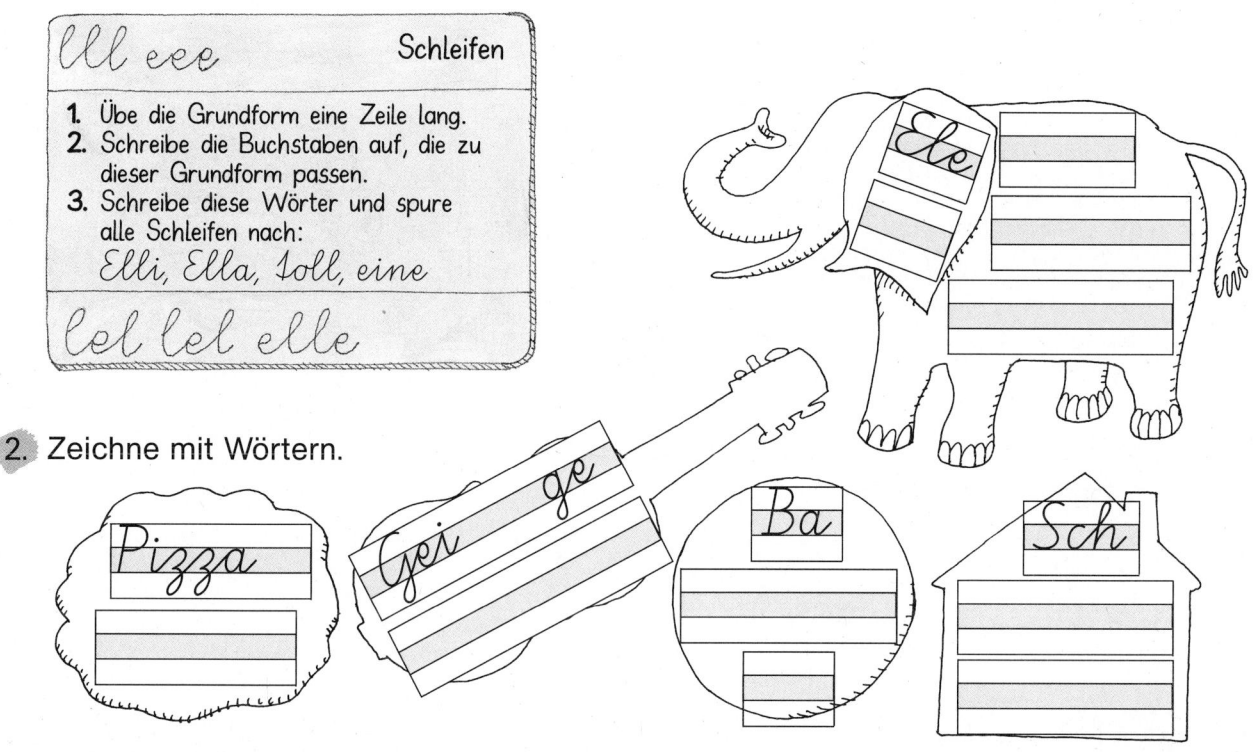

   Lll eee — Schleifen
   1. Übe die Grundform eine Zeile lang.
   2. Schreibe die Buchstaben auf, die zu dieser Grundform passen.
   3. Schreibe diese Wörter und spure alle Schleifen nach: *Elli, Ella, toll, eine*
   lel lel elle

2. Zeichne mit Wörtern.

   Pizza *Geige* *Ba* *Sch*

3. Sprich den Zungenbrecher immer schneller. Schreibe dann alle Schleifenwörter auf den Topf.

   Ein kleiner Koch kann keine kleinen Knödelkugeln kochen.

4. Schreibe nun den Zungenbrecher auf.

Schrift entwickeln; zum Sprachbuch Seiten 101–104

Meine Schrift

1. Übe mit den Karteikarten in deinem Heft oder auf deinem Block.

   Ull uu — Girlanden
   1. Übe die Grundform eine Zeile lang.
   2. Schreibe die Buchstaben auf, die zu dieser Grundform passen.
   3. Schreibe diese Wörter und spure alle Girlanden nach:
      Use, Ulli, und, tut

      Ull uu Ull uu

   m — Arkaden
   1. Übe die Grundform eine Zeile lang.
   2. Schreibe die Buchstaben auf, die zu dieser Grundform passen.
   3. Schreibe diese Wörter und spure alle Arkaden nach:
      malt, nimmt, Marmor

      m m m

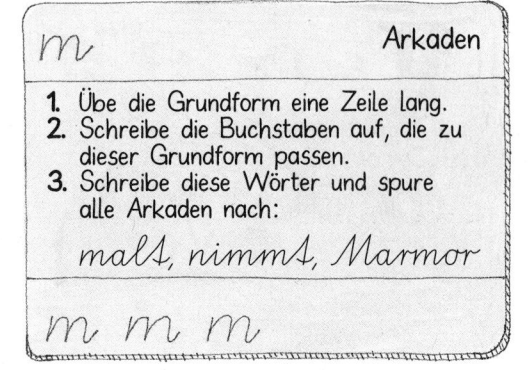

2. Was wird hier im Schaufenster angeboten? Schreibe es auf.
   Dein Wörterbuch hilft dir.

3. Schreibe den Zungenbrecher ab.   In Ulm
   Kannst du ihn schon auswendig?   und um Ulm
   Versuche ihn immer zügiger zu schreiben.   und um Ulm herum

66

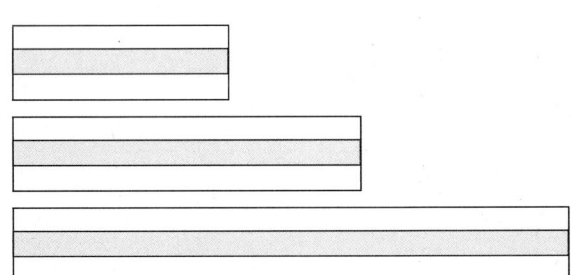

Schrift entwickeln; zum Sprachbuch Seiten 101–104

1. Übe mit den Karteikarten in deinem Heft oder auf deinem Block.

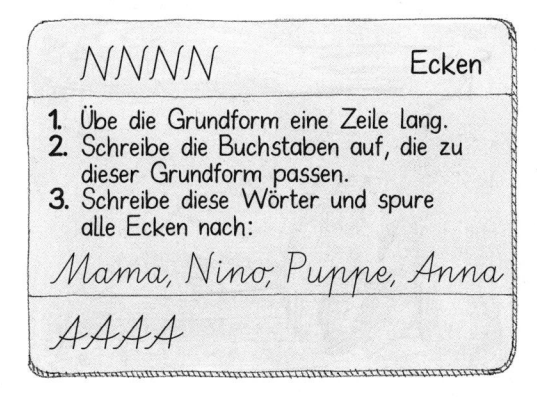

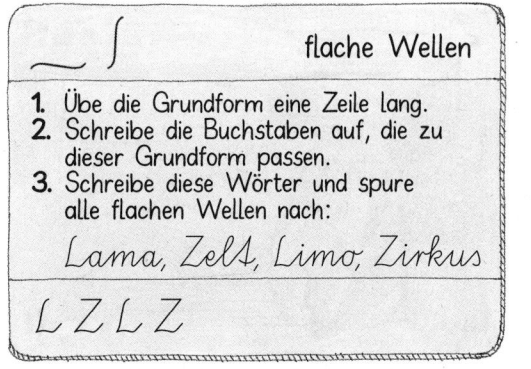

NNNN — Ecken
1. Übe die Grundform eine Zeile lang.
2. Schreibe die Buchstaben auf, die zu dieser Grundform passen.
3. Schreibe diese Wörter und spure alle Ecken nach:
Mama, Nino, Puppe, Anna
AAAA

~ ∫ — flache Wellen
1. Übe die Grundform eine Zeile lang.
2. Schreibe die Buchstaben auf, die zu dieser Grundform passen.
3. Schreibe diese Wörter und spure alle flachen Wellen nach:
Lama, Zelt, Limo, Zirkus
L Z L Z

2. Ergänze und finde noch weitere Wörter mit Z. Schreibe sie in die Fische.

Zwir zfüttern zfette Zfische!
Zunsere Zfische zfressen Zsachen zmit Z!

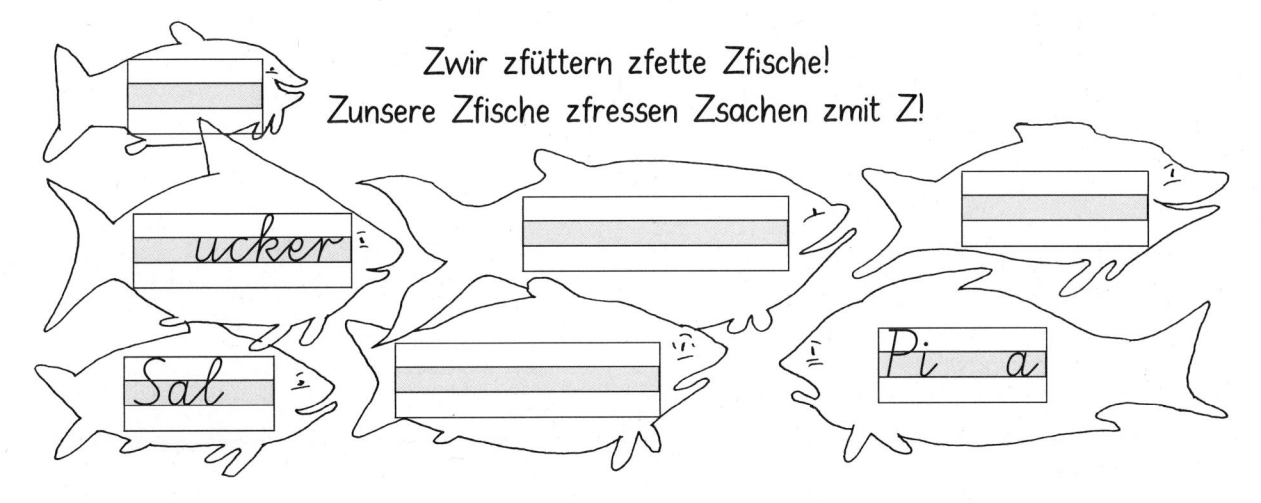

ucker

Sal

Pi a

FF Ihr könnt ein Aquarium malen oder basteln und in ihm viele „Zfische" schwimmen lassen.

3. Schreibe das Gedicht in den Wal. Lass ihn in vielen Wellen schwimmen.

Es machte einmal
große Wellen ein Wal.
Ein Hering schaute zu:
„Ich wollt, ich wäre wie du!"

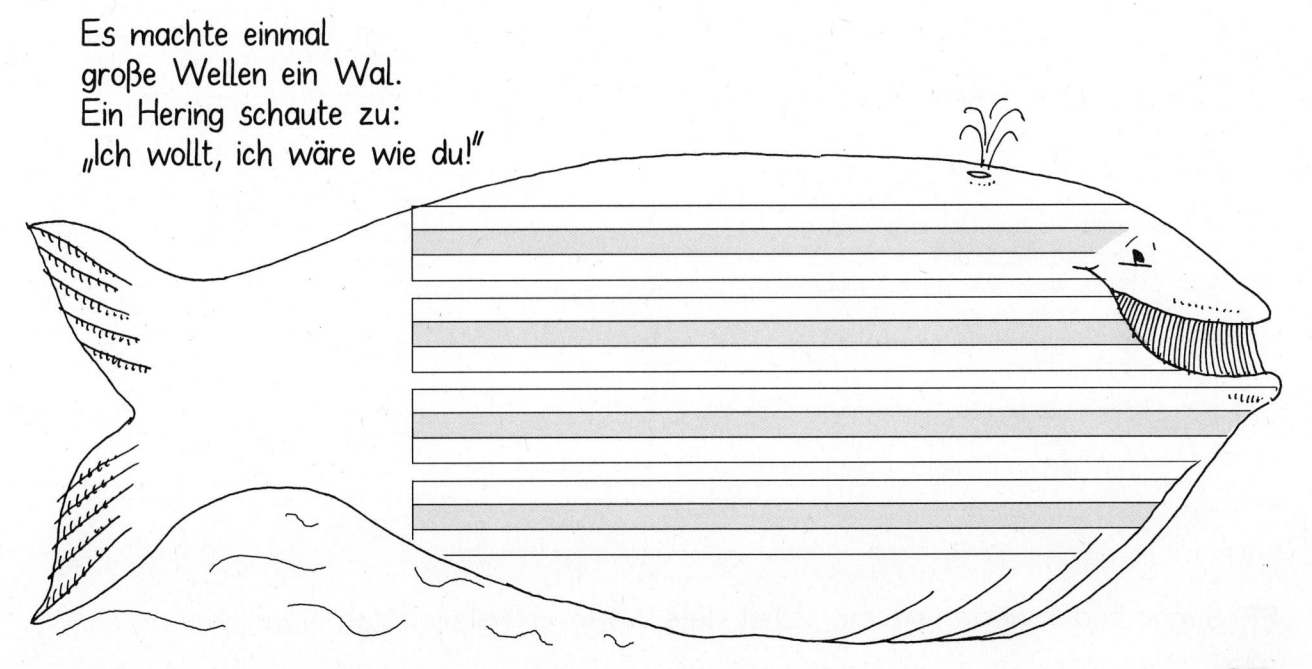

67

Schrift entwickeln; zum Sprachbuch Seiten 101–104

Meine Schrift

Wir üben schwierige Buchstabenverbindungen

1. Übe mit der Karteikarte in deinem Heft oder auf deinem Block.

   re re re re re re re re re re re re

   1. Schreibe die Buchstabenverbindung abwechselnd groß, dann klein.
   2. Suche zwei Wörter aus und schreibe sie mehrmals: reden, rechnen, rennen, freuen.
   3. Schreibe Sätze, die erzählen, was du in der Schule gerne tust.

   we be Das ist die gleiche Verbindung. Suche passende Wörter im Wörterbuch.

2. In der Geschichte von Ritter Robert musst du diese Buchstabenverbindung oft schreiben. Schreibe sie ab und spure diese Verbindungen nach.

   Ritter Robert reitet,
   von seinem Sohn begleitet.
   Sie reiten über Berg und Tal.
   Sie reiten durch die Nacht
   und auf der wackligen Brücke
   geben sie gut Acht.

3. Übe mit der Karteikarte in deinem Heft oder auf deinem Block.

   os os os os os os os os os os os os

   1. Schreibe die Buchstabenverbindung abwechselnd groß, dann klein.
   2. Schreibe diese Wörter mehrmals: Dose, Los, Hose, Rost, Frost.
   3. Finde Sätze und schreibe sie auf.

   Das sind die gleichen Verbindungen. Übe sie.
   bs rs   vor–   ab–
            stellen, sagen, schlagen, schreiben

FF Suche in der Wörterliste möglichst viele Wörter mit diesen Verbindungen.

Schrift entwickeln; zum Sprachbuch Seiten 101–104

1. Übe mit der Karteikarte in deinem Heft oder auf deinem Block.

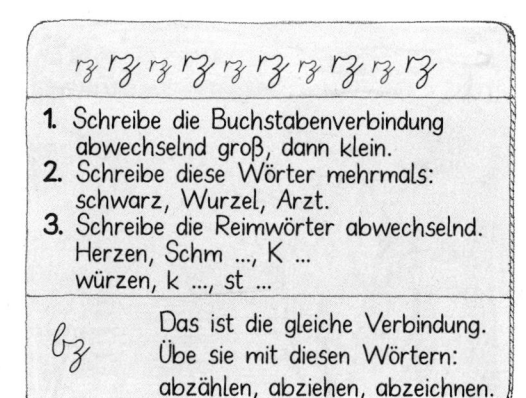

> rz rz rz rz rz rz rz rz rz rz
>
> 1. Schreibe die Buchstabenverbindung abwechselnd groß, dann klein.
> 2. Schreibe diese Wörter mehrmals: schwarz, Wurzel, Arzt.
> 3. Schreibe die Reimwörter abwechselnd. Herzen, Schm ..., K ... würzen, k ..., st ...
>
> bz Das ist die gleiche Verbindung. Übe sie mit diesen Wörtern: abzählen, abziehen, abzeichnen.

2. Schreibe auf, wie sich die Wurzel verändert.

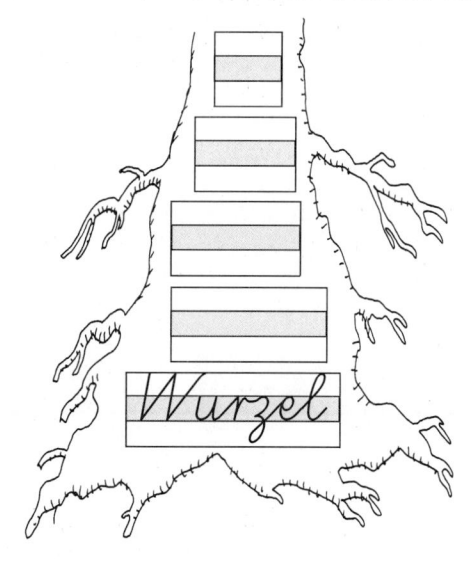

Die Wühlmaus
Eine Wühlmaus nagt von einer Wurzel
das W hinfort bis an die —urzel.
Sie nagt dann an der hintern Stell
auch von der —urzel noch das l.
Die Wühlmaus nagt und nagt, o weh,
auch von der —urze— noch das e.
Sie nagt die Wurzel klein und kurz,
bis aus der —urze— wird ein —urz——.
Die Wühlmaus ohne Rast und Ruh
nagt von der —urz—— auch noch das u.
Der Rest ist schwer zu reimen jetzt,
es bleibt zurück nur noch ein ——rz——.
Nun steht das ——rz—— im Wald allein.
Die Wühlmäuse sind so gemein!
Fred Endsikat

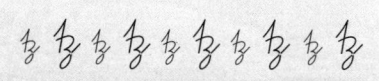

3. Übe mit der Karteikarte in deinem Heft oder auf deinem Block.

> tz tz tz tz tz tz tz tz tz tz tz
>
> 1. Schreibe die Buchstabenverbindung mehrmals hintereinander: Wo schreibst du schnell? Wo musst du langsamer werden?
> 2. Schreibe die Reimwörter paarweise auf. sitzen, Katze, Platz, Tatze, Hetze, Satz, Petze, putzen, nutzen, spitzen.
> 3. Suche dir Wörter aus und schreibe einen Satz.

4. Lies den Zungenbrecher so lange, bis du ihn sicher und ohne Unterbrechung aufsagen kannst.
Schreibe ihn dann auswendig auf und kontrolliere.

Große Katzen kratzen
mit kleinen Tatzen.
Auch kleine Katzen kratzen
mit kleinen Tatzen.

FF Kannst du selber einen Zungenbrecher mit tz-Wörtern erfinden?
Schreibe ihn auf. Wenn du dazu auch malst, ist es für die anderen noch schöner, ihn zu lesen.

69

Wörterliste

A

ab
Abend, Abende
aber
acht
alle, alles
als
also
alt, älter
am
Ampel
an
antworten
Apfel, Äpfel
April
arbeiten
Arm
Ast, Äste
auf
Aufgabe
Auge
August
aus
Auto

B

Baby
baden
Ball, Bälle
Bank
Bauch, Bäuche
bauen
Baum, Bäume
bei
Bein
bewegen, bewegt
bezahlen
Biene
Bild, Bilder
bin
Birne
bis
bist
bitten
Blatt, Blätter
blau
bleiben, bleibt
blühen, blüht
Blume
Blüte
Boden
böse
braun
Brief
bringen, bringt

Brot, Brötchen
Bruder,
Buch
bunt
Busch

C

Cent
Christbaum
Computer

D

da
danken
dann
das
dass
dein, deine, deiner
dem
den
denken
denn
der
des
Dezember
dich
die
Dienstag
dies, diese, dieses
dir
doch
Donnerstag
drei
du
dunkel
durch

E

Ei, Eier
ein, eine, einer
eins
elf
Eltern
Ende
eng
Ente
er
Erde
es
essen, isst
euch
euer, eure
Eule
Euro

F

fahren, fährt
fallen, fällt
Familie
fangen, fängt
Februar
fein
Feld, Felder
Fenster
finden
Finger
fliegen, fliegt
Flügel
flüssig
fragen, fragt
Frau
Freitag
fremd, Fremde
freuen, Freude
Freund, Freundin
frisch
Frucht
Frühling
füllen, Füller
fünf
für
Fuß

G

ganz, ganze, ganzer
Garten
geben, gibt
gehen, geht
gelb, gelbe
Geld, Gelder
Gemüse
Gesicht
gestern
gesund, gesunde
Gras, Gräser
groß, größer
grün
gut

H

Haare
haben, hat
Hals
halten, hält
Hand, Hände
hart, härter
Hase

Wörterliste

Haus, Häuser
Haut, Häute
Hecke
heiß
heißen
helfen, hilft, Hilfe
hell
Hemd, Hemden
her
Herbst
Herr
heute
Hexe
hier
Himmel
hin
hinter
hören
Hose
Hund, Hunde
hundert

ich
Igel
ihm
ihn, ihnen
ihr, ihre
im
immer
in
ins
ist

ja
Jahr
Januar
jede, jeder, jedes
Juli
Junge
Juni

Käfer
Kalender
kalt, Kälte
Katze
kaufen
kein, keine, keiner
Kind, Kinder

Klasse
Kleid, Kleider
klein
kommen
können, kann
Kopf
Körper
krank
Kraut, Kräuter
Kuh, Kühe

laufen, läuft
laut
leben, lebt
legen, legt
leicht
leise
lernen
lesen, liest
Leute
Lexikon
Licht
lieb, lieben
liegen, liegt

machen
Mädchen
Mai
malen
man
Mann, Männer
März
Maus, Mäuse
mein, meine, meiner
mich
Minute
mir
mit
Mittwoch
Monat
Montag
morgen
Mund, Münder
müssen, muss
Mutter

nach
Nacht, Nächte
Name
Nase

Nebel
nehmen, nimmt
nein
neu
neun
nicht
nichts
nie
November
nun
nur

ob
Obst
oder
oft
Ohr
Oktober
Onkel
Ostern

Papier
Pferd, Pferde
pflanzen
pflegen, pflegt
Pizza
Platz, Plätze
Pommes
Puppe

Quadrat
quaken

Raupe
rechnen
reden
Regen
reich
reisen
Rock
rollen
rot
Rücken
rufen

Wörterliste

S

Saft, Säfte
sagen, sagt
Salz
Samstag
Sand, sandig
Satz, Sätze
schauen
scheinen
Schere
schlafen, schläft
schlagen, schlägt
Schmetterling
Schnee
schneiden
schnell
schon
schön
schreiben, schreibt
schreien
Schuh, Schuhe
Schule
schwarz
Schwester
sechs
sehen, sieht
sehr
Seife
sein, seine, seiner
seit
Sekunde
September
sich
sie
sieben
sind
singen, singt
sitzen, sitzt
so
Sohn
sollen
Sommer
Sonne
Sonntag
Spagetti
sparen
spielen
Sport
Stängel, Stange
stehen, steht
stellen
Stift
still
Stirn
Strauch, Sträucher
Stunde
suchen

T

Tag, Tage
Tante
Tasche
Teddy
Tee
Telefon
Temperatur
Thermometer
Tier
Tochter
tragen, trägt
trinken
turnen

U

üben, übt
über
Uhr
um
und
uns, unsere, unser
unten, unter

V

Vater
Verkehr
versuchen
viel
vier
Vogel
vom
von
vor

W

wann
warm, Wärme
warten
warum
was
waschen, wäscht
Wasser
Weg, Wege
Weihnachten
weil
weiß
weit
weiter
welche, welcher
wem
wen
wenig
wenn
wer
werden, wird
Wetter
wie
wieder
Wiese
Wind, Winde
Winter
wir
wo
Woche
wohnen
wollen, will
Wort
wünschen
Wurzel

Z

Zahl, zählen
Zahn, Zähne
Zehe
zehn
zeigen, zeigt
Zeit
Zimmer
zu
Zucker
zum
zur
zusammen
zwei
Zwiebel
zwölf